毛沢東・鄧小平を凌駕しようとする独裁者

習近平王朝の危険な野望

福島香織
Fukushima Kaori

政治局常務委員会のトップセブン●［中央］習近平
［右上から下へ］李克強（序列2位、共青団派）、汪洋（序列4位、共青団派）、趙楽際（序列6位、習近平派）
［左上から下へ］栗戦書（序列3位、習近平派）、王滬寧（序列5位、無派閥）、韓正（序列7位、上海閥）

さくら舎

はじめに――「習近平王朝」の知られざる本質

２０１７年10月に行われた中国で5年に一度の共産党大会（第19回）で、習近平《しゅうきんぺい》が目指す独裁体制への布石が打ち出された。もちろん〝王朝〟などという言葉は使われていない。繰り返されたキーワードは〝新時代〟。だが、その中身をよくよく見れば、習近平が目指している地位は現代の〝皇帝〟であり、党規約にも書き加えられた習近平新時代とは、〝習近平王朝〟ではないか、という気がしてくる。

党大会直後、習近平政権2期目の最初にして最大の外交舞台となった11月8日、米トランプ大統領の初訪中時、習近平はトランプを世界遺産である故宮・紫禁城を貸し切ってもてなした。晩餐会は十全老人《じゅうぜんろうじん》・乾隆帝《けんりゅうてい》が愛用した建福宮で行われ、習近平は自分が清朝最大版図を成し遂げた乾隆帝にでもなったかのような態度で、米大統領を迎えたのも、おそらくは現代中国の皇帝が誰かを視覚的に国内外に喧伝する狙いであったのだろう。清朝が中国漢人にとっては異民族であった女真族《じょしんぞく》（満州族）による征服王朝であった歴史を考えると実に皮肉な絵面ではあるのだが。

さて、その習近平がうたった新時代とはどんなものか。党大会開幕日の10月18日に習近平が読み上げた政治活動報告に、そのエッセンスが込められている。3時間20分という演説の長さそのものもちろん驚きだったのだが、その中身の野心の大風呂敷ぶりは衝撃的であった。まず「新時代」という言葉が36回も繰り返された。それは〝旧時代〟つまり鄧小平《とうしょうへい》時代への決別宣言であり、改革開放を逆行するという意味でもあった。

さらには「中華民族の偉大なる復興」を掲げ、一帯一路《いったいいちろ》構想を主軸にした「人類運命共同体の構築」という国際観、21世紀半ばまでに世界一流の軍隊を創るという強軍化姿勢が打ち出された。現世界最大の強国・米国への対抗心をにじませるそうした方針は、米国一極時代への挑戦であり、Ｇ2時代を目指す習近平時代幕開き宣言であった。

習近平はたった一口途中で水を飲んだ以外、起立したままの姿でよどみなくその原稿を読み続け、その指導者として体力と気力と自信を見せつけるかのような気迫のパフォーマンスを行った。途中、万雷の拍手を何度も受け、読み終わると壇上に戻り、胡錦濤《こきんとう》・前国家主席および江沢民《こうたくみん》・元国家主席と握手を交わした。胡錦濤に至っては笑顔で腕時計を指さし「長い演説だったよ」と軽口を言っているようなジェスチャーを行い、ＣＣＴＶ（中国中央テレビ）を通して、これまで権力闘争に明け暮れていたと伝えられる習近平と長老たちが和解し党内団結をアピールしているかのようにも見えた。

中国共産党政治の本質は宮廷政治である。その厳格なヒエラルキー構造の中で権力闘争と権謀術数によって政治が動くからである。過去、中国共産党史はそうして二つの王朝に区分されてきた。毛沢東《もうたくとう》王朝、鄧小平王朝である。その過去の二つの王朝とも違う、習近平王朝の始まりを第19回党大会は打ち出したのである。そして習近平王朝は、パックスアメリカーナともいえる現在の米国中心の国際秩序を大きく変えていくパワーにもなりうる予感をにじませた。

中国共産党史を簡単にふりかえってみると、毛沢東王朝は革命から建国、そして政治動乱の時代であった。毛沢東は覇王であり、権力闘争にあけくれ、旧ソ連と米国との核戦争を恐れず、周辺国と対立したが、核兵器と宇宙衛星を持つ大国の野望をかなえた。およそ8000万人の自国民を不正常な死に追いやり、国民生活は疲弊したが、それでも死ぬまで圧倒的なカリスマを持ち続け、死後の今なお人民の圧倒的な支持を得ている近代最悪最強の英雄の一人である。

その後に続く鄧小平王朝は、毛沢東王朝とがらりと路線を変え、改革開放に象徴される近代化とグローバル化の道を歩み始めた。鄧小平は独裁者であったが賢帝であった。人々に〝豊かになれる〟という夢を与え続けた。社会主義初級段階というレトリックで、社会主義の看板を下ろさないまま、資本主義化を進めた。途中、天安門事件で政治改革を挫折させた汚名を背負うが、経済の改革開放路線は中国を世界第一位の経済大国へと押し上げる原動力となった。「韜光養晦《とうこうようかい》」（野心を隠して実力をひそかに養う）戦略で「発展途上国」のふりをして米国や日本から投資や技術協力を受けて実力を蓄えていった。

鄧小平王朝は江沢民、胡錦濤という鄧小平が指名した二人の後継者に受け継がれ、政治改革をしないまま社会主義体制下での自由経済を試みる壮大な実験を行った。経済発展を約束することで、共産党の執政党としての権威は維持されたが、江沢民が「三つの代表論」で資本家の入党、あるいは党員の資本家化を正当化したことは、共産党の変質につながった。党の権力と資本の結びつきは、根深い腐敗構造を生み、共産党の腐敗は、人民の党という建て前を失うことになった。貧富の格差によって、大衆と、プチブル層および党の対立構造が生まれ、共産党は人民を最大の潜在的な敵として恐れるようになりはじめた。

鄧小平王朝三代目の胡錦濤は、この事態を打開しようとあがいたが、既得権益を代表する江沢民ら上海閥《シャンハイばつ》、曾慶紅《そうけいこう》ら太子党《たいしとう》に阻まれる形で政治改革には踏み込めず、共産党一党独裁政治と経済の自由化の間で拡大する矛盾に対しては対症療法という形でしのぐ以外のことができなかった。こうした矛盾や問題が顕在化し始め、共産党政治の足元が揺らぎ始めた状況で、中国のかじ取りを第18回党大会で登場した習近平政権が担うことになったのである。

江沢民、胡錦濤と違い、習近平は鄧小平に国家指導者としての指名を受けて総書記の座についたわけではない。習近平は江沢民院政と胡錦濤政権の権力闘争の中で、妥協の産物として第五世代の国家指導者に選ばれた。もともとは江沢民をトップとする〝上海閥〟と呼ばれる党内派閥の若手であり、習仲勲《しゅうちゅうくん》という中国八大元老きっての開明的政治家の息子であるという太子党のサラブレッドの血筋を持つが、同じ八大元老・薄一波《はくいっぱ》の息子・薄熙来《はくきらい》に比べれば、凡庸な印象で当初はさほど野心家にも見えなかったあたりが、胡錦濤派（共産主義青年団派）にも比較的受け入れやすかったのだろう。

このころ、誰も習近平の〝正体〟に気づいていなかった。習近平が総書記候補として名指しされ始めたころ、その存在感は薄く、むしろ軍属歌手として中国版紅白歌合戦（春節聯歓晩《しゅんせつれんかんばん》会《かい》）の常連出演者であった夫人の彭麗媛《ほうれいえん》のほうが、知名度は高かった。「習近平って誰？　あの彭麗媛の夫だよ」という認知のされ方をするほど影の薄い総書記候補だったのだ。誰もが、習近平にはあまり期待していなかった。

　このまま上海閥・太子党の一員として、党内既得権益層の利益を守ろうとするか、あるいは拡大する矛盾を解決するため、父親・習仲勲の盟友であった胡耀邦《こようほう》がやろうとした政治改革に、胡錦濤ら共青団《きょうせいだん》派の協力を得て踏み出すか。いずれにしても、鄧小平路線は堅持されると誰もが疑わなかった。

　だが実際に胡錦濤の後を受けて権力トップの座についた習近平がとった道は、江沢民派が期待していたような既得権益保護の政治でもなく、団派、改革派が期待していたような胡耀邦政治の再来でもなかった。

　習近平はまず、薄熙来という野心的で有能なライバル政治家を胡錦濤と協力して失脚させたのを皮切りに、自分の地位を脅かしそうな政敵、官僚政治家を次々と失脚させていった。その中には、軍長老の徐才厚《じょさいこう》といった妻・彭麗媛の直属の上司も含まれていた。周永康《しゅうえいこう》も徐才厚も、江沢民や曾慶紅というかつて習近平の後ろ盾としてその出世を後押しした恩人たちに連なる人物である。習近平の激しい権力闘争は、刑不上常委（政治局常務委員＝最高指導部経験者の罪を問わない）という鄧小平以来の不文律を破壊し、また忘恩の行いと反感も生んだ。

　また党の綱紀粛正を徹底し、「反腐敗キャンペーン」の名のもとに、一日平均８００人以上の地方官僚を失脚させていった。これは単なる権力闘争を越えて、共産党の路線変更へののろしであった。

江沢民時代、胡錦濤時代の権力闘争は、おもに上海閥と呼ばれる江沢民の上海時代の部下たちが集まった派閥と、胡錦濤の出身母体である共産主義青年団で育成された官僚政治家たちの派閥、そして太子党と呼ばれる建党・建国に尽力した政治家・官僚・軍人たちの子弟子女から形成されるグループに、資源や金融、産業界の利権に絡む派閥が複雑に絡み合いながらも、比較的明瞭にライバル関係が見て取れる形で展開されてきた。

だが習近平の権力闘争は、単純な政敵退治というだけでなく、共産党の体質や路線、秩序すら変えていこうという意図が含まれていた。

つまり共産党員の中産階級化阻止、あるいは共産党の脱中産階級化（脱資本家化）への転換である。党が資本と結びつく「権貴構造」が中国社会を大多数の労働者・農民という低層と、共産党というプチブル層の対立構造を生んでいるという課題を、政治改革ではなく、反腐敗キャンペーンによって解決しようと考えた。党内の腐敗した〝資本家〟を排除し、労働者・農民という中国14億人の大半を代表する人民の党としての本質を取り戻すことで、経済成長の頭打ちで揺らぎはじめた共産党の執政党としての権威を取り戻そうと考えたのだろう。

この反腐敗キャンペーンとセットで、習近平政権は群衆路線（大衆路線）を打ち出し、庶民の愛する包子《パオズ》（肉まん）チェーン店に並んでみせるパフォーマンスや、裾の短いズボンのやぼったいファッションで、毛沢東のような庶民派アピールをした。毛沢東はわざわざつぎのあたった中山服《ちゅうざんふく》を着て農民革命家のイメージを生涯アピールし続けたが、それと同じことをやったわけだ。ちなみに毛沢東のつぎあてファッションは、当時の屈指の腕をもつお抱え仕立て屋によって別注であつらえられた〝似非庶民ファッション〟であった。

習近平は鄧小平の改革開放路線で棚上げされていた政治改革の課題に取り組むのではなく、鄧小平路線そのものからの転換を打ち出した。その方向性は毛沢東路線への回帰に見えた。習近平の本質は、文化大革命時代に思春期を過ごした〝毛沢東チルドレン〟、しかも挫折を経験し、いじめぬかれてルサンチマンにまみれた毛沢東チルドレンだったのだ。

この路線転換は、中国経済を回復どころか大きく失速させることになった。経済が失速した現状を「ニューノーマル＝新常態」として容認させるも、その後に回復につながる処方箋を打ち出せない状況に、当初は習近平政権の腐敗地方官僚らの叩き潰しに拍手喝采を送って喜んでいた庶民も、結局腐敗キャンペーンによって自分たちの生活が改善されるものではないのだと気づきはじめ、習近平の群衆路線は広がらなかった。

それどころか、景気減速で増える賃金不払いや解雇に抵抗する労働争議に対して、社会秩序を乱すものとして弾圧を開始した。庶民の権利要求、公民権運動も弾圧し、もともと決して自由ではないメディアに対してさらに統制を強化した。多くの労働者権利擁護のＮＧＯ代表、人権派弁護士、記者やジャーナリストが冤罪《えんざい》逮捕され、迫害された。政権のおひざもと北京では最低貧困層の出稼ぎ労働者を〝低端人口〟とレッテルを貼り、強制排除を開始した。

さらにビッグデータによる市民のランク付け、相互監視・密告制度の奨励というジョージ・オーウェルの小説『１９８４』に出てくるビッグブラザーのような監視社会の実現をすすめようとしている。

もともと中国の法治システムも不完全であったが、習近平政権になってから、逮捕、起訴、公判、罪状決定というプロセスすら軽んじはじめ、起訴される前に、ＣＣＴＶのテレビ画面で、容疑者が罪人として罪をみとめ懺悔するという、報道番組の体を為した〝つるし上げ大会〟で、罪が事実上確定された。

習近平政権が目指すのは経済発展ではなく、共産党による経済のコントロールであり、法治ではなく共産党による法の支配であり、大衆路線ではなくメディアを使った大衆世論の誘導と人民の統制強化であった。

さらに習近平政権の特徴は強軍化路線に表れた。軍制改革で陸軍中心の七大軍区制は実戦を想定した五大戦区制に替えられた。胡錦濤政権も軍制改革を試みて挫折している。米国式の戦区制は軍の近代化に必要だといわれてきたが、それは国軍化とセットで進めてこその近代化といえる。

解放軍は建軍以来、共産党の私軍という位置づけであり、胡錦濤政権は、江沢民が実権を握る解放軍の政治介入を防ぎ、近代軍として整備するために国軍化改革を試みようとしたことがある。しかし、共産党の権貴システム（汚職構造）の中で利権をほしいままにしていた軍の既得権益層の抵抗によって、胡錦濤の軍制改革構想は日の目を見ずに終わった。

胡錦濤が挫折した軍制改革を成功させたという点で、習近平は軍権を掌握したと評する人もいるだろう。ただ、習近平の軍制改革は、国軍化と真逆《まぎゃく》の方向であった。つまり、党の軍隊としての性格をより強化する方向の軍制改革であった。党の軍隊どころか習近平の私兵集団をめざしているかのような粛清が展開されている。

習近平は、中国共産党が旧ソ連と同じ轍《てつ》を踏んで解体されることを非常に危惧していた。そして旧ソ連解体の直接の原因は、共産党が軍権を手放したことだと判断していた。習近平の軍制改革は、共産党と並ぶ強い権力をもっていた解放軍を党の軍隊として改めて位置づけることであった。

人民に経済発展を約束できなくなった共産党が執政党としての権威維持の拠り所となるのは、軍権掌握しかないと考えたのだ。その結果、習近平政権は極めて先軍政治的な路線をとるようになってきた。その発想の中で、南シナ海戦略や尖閣諸島を含む東シナ海戦略が進められた。さらに経済も一帯一路戦略（新シルクロード構想）や軍民融合戦略といった、経済利益よりも軍事戦略目的を優先した構想が打ち出されるようになった。

習近平は一期5年のうちに香港の駐留部隊を含めると3度も閲兵式を行い、あたかも軍を自分が掌握しているかのようなアピールを国内外向けに行った。だがそれをもってして、軍が習近平に深い忠誠を誓っていることの証になるのか、あるいは軍が習近平政権を利用して野心をあらわにしているのかは、外から眺めるだけではなかなかわからない。

習近平は2015年9月3日の世界反ファシズム戦争抗日戦争勝利70周年記念日の大軍事パ

レードで左手で敬礼したことから、軍事オンチという陰口もたたかれている。解放軍内の習近平人事は、明らかに〝お友達人事〟であり、軍内に不満がたまっているという話も聞く。

さらにもう一つ、習近平政権の特徴は、周辺国に対して敵意をみせ、外国文化、価値観の影響力を国内から排除していこうとしている点だ。習近平政権になって、「外国の敵対勢力」という言葉を頻繁に使うようになり、周辺国に対してあからさまな挑発行為を行うことが増えた。南シナ海しかり、尖閣問題しかり、インドとの国境紛争再燃しかり。

これも旧ソ連の解体の要因に、西側文化の浸透や、ベルリンの壁崩壊などの国際情勢が影響しているという分析が根拠にある。人権という西側世界の普遍的価値観の象徴ともいえる価値観をこれみよがしに激しく踏みにじってみせた。習近平政権の最大にして唯一の目標は共産党の執政党としての権力と求心力の維持であり、その目標は鄧小平路線の延長ではなく、毛沢東路線への回帰、銃口から生まれた政党としての基本に立ち戻ることにあると判断したというふうにみえる。

かくて、習近平政権1期目の2012年から2017年にかけての5年間、鄧小平が形成した共産党秩序を破壊し、自分自身を〝核心〟とする新たな秩序でもって共産党を厳格に統治し、その共産党によって中国政治社会経済文化の一切の指導を徹底するという毛沢東ばりの個人独裁体制に立ち戻ろうという野心をあからさまにし、数々の権力闘争を勝ち抜いて第19回党大会にこぎつけたのだ。

この第19回党大会は、習近平の勝利宣言といってよいのだろうか。この路線のまま習近平政権は独裁体制の礎を築くのか。共産党第三の王朝として歴史に名を遺すことになるのか。しかし、習近平の中国がこれから向かう未来は決して、明るいとは言い難い。

そして、必ずしも、人民が習近平王朝のもとで幸せが約束されているとも言い難い。ひょっとすると習近平王朝は共産党体制最後の王朝になるのではないか。あるいは最後の王朝として今の共産党体制にトドメをさすことになるのか。本書では、この習近平王朝が長期に及ぶのか、終わりの始まりとなるのか。それを見極めてみようという思いで、書き始めた。

目次◆習近平王朝の危険な野望
——毛沢東・鄧小平を凌駕しようとする独裁者

第二章　共青団派胡春華 vs. ごますり陳敏爾

第三章　解放軍粛清と影の実力者

第四章　「習近平思想」は真っ赤な独裁

第五章　赤い王朝の戦争リスク

習近平王朝の危険な野望

――毛沢東・鄧小平を凌駕しようとする独裁者

黒竜江省
ハルビン
長春
吉林省
瀋陽
遼寧省
内モンゴル自治区
寧夏回族自治区
ウルムチ
新疆ウイグル自治区
甘粛省
フフホト
北京市
石家荘
河北省
天津市
太原
山西省
陝西省
銀川
青海省
西寧
蘭州
済南
山東省
西安
鄭州
河南省
江蘇省
安徽省
南京
上海市
合肥
西蔵（チベット）自治区
四川省
成都
湖北省
武漢
杭州
浙江省
ラサ
重慶市
南昌
長沙
江西省
湖南省
貴州省
貴陽
福州
福建省
台北
台湾
雲南省
昆明
広西チワン族自治区
広東省
広州
マカオ
香港
南寧
海口
海南省

中国の全体図

第一章　最高指導部の顔ぶれからわかる習近平王朝

後継者が入らなかったトップセブン

第19回党大会閉幕翌日に行われた一中全会で、第19期政治局常務委員会（最高指導部）を含む中央委員会人事が承認され、発表された。

政治局常務委員会・トップセブンは、次のとおりだ。

序列一位　習近平（総書記、国家主席、留任、習近平派）
二位　李克強《りこっきょう》（首相、留任、共青団派）
三位　栗戦書《りつせんしょ》（全国人民代表大会常務委員長内定、習近平派）
四位　汪洋《おうよう》（全国政治協商会議主席内定、共青団派）
五位　王滬寧《おうこねい》（中央精神文明建設指導委員会主任、無派閥）
六位　趙楽際《ちょうがくさい》（中央規律検査委員会書記、習近平派）
七位　韓正《かんせい》（副首相内定、上海閥）

政治局委員（25人　政治局常務委員会7人を含む）
習近平派：習近平、丁薛祥《ていせつしょう》、王晨《おうじん》、劉鶴《りゅうかく》、李希《りき》、李強《りきょう》、楊暁渡《ようぎょうと》、陳希《ちんき》、張又俠《ちょうようきょう》、陳敏爾《ちんびんじ》、趙楽際、栗戦書、蔡奇《さいき》、黄坤明《こうこんめい》
共青団派：李克強、孫春蘭《そんしゅんらん》、汪洋、陳全国《ちんぜんこく》、胡春華《こしゅんか》、許基亮《きょきりょう》

上海閥：郭声琨《かくせいこん》、韓正、李鴻忠《りこうちゅう》
無派閥：王滬寧、楊潔篪《ようけつち》

権力闘争構造を考えてみると、政治局常務委員会は習近平派閥が本人を入れて、栗戦書、趙楽際と3人、共青団派が李克強、汪洋の2人、上海閥が韓正、無派閥が王滬寧となる。韓正は上海市委書記時代の習近平とあまり関係がよくないといわれており、アンチ習近平派とすれば、習近平派3人、アンチ習近平派3人、無派閥1人というバランス人事といえる。

政治局全体でみると25人中14人が習近平派ともいえ、習近平勢力が一気に拡大した感がある。ただ、これで習近平の権力基盤が安定したのか、といえば、習近平が引き上げた側近たちは、いわゆる〝お友達人事〟であり、あまり行政経験が豊かでなく政治力が高いとはいえない。

権力闘争というのは、行政経験を重ねていく中でできた信頼できる部下らによる派閥の広がりが一つの力のバロメーターであることを考えると、習近平へのごますりで出世してきたイエスマンたちに習近平の野望を支えきれるか、という問題がある。一方、四大直轄市および地方の書記クラス、党務の中枢ポジションを習近平派がおおむね抑えていることを思えば、習近平の権力基盤は相当強化されたということもいえる。

この人事における一番のニュースは誰が政治局常務委員会に入ったか、ということより、誰が入らなかったか、ということのほうだろう。トップセブンに胡春華《こしゅんか》と陳敏爾《ちんびんじ》が入らず、王岐山《おうきざん》が定年制度に従って引退したことに大きな意味がある。

胡春華は共青団派の若手ホープであり、ポスト習近平を狙えるだけの実力と経験と若さを備えた人物だ。陳敏爾は、習近平がその胡春華の代わりに後継ポストにつけようとしている子飼いの部下であり、能力的にはぱっとしないが、習近平に従順であり傀儡《かいらい》にはもってこいの人物である。これまでの共産党秩序では、総書記が引退する一期前に、こうした後継者候補を二人組で政治局常務委員会に入れ、最高指導部の実務を経験させながら競争させて後継者に育成するシステムがとられてきた。だが、この慣例を破って、習近平は後継者候補を政治局常務委員会に入れなかったのだ。


私が仄聞《そくぶん》した限りでは、後継候補の政治局常務委員会落選にはかなり複雑な事情がある。

党大会前の7月に、胡錦濤政権が育成していた共青団派の後継者候補・胡春華（当時広東省委書記）と孫政才《そんせいさい》（当時重慶市委書記）のうち、上海閥にも近い孫政才が習近平によって電撃的に失脚させられ、その孫政才のポストに、習近平が強引に引き上げた陳敏爾を押し込んだ。

孫政才の失脚は、今一つその理由がはっきりしない、強引な権力闘争のいけにえともいうべきもので、その後釜として重慶市委書記となった陳敏爾に対しては、党内の反感が相当強かったようだ。習近平は胡春華も失脚させたかったが、胡春華は共青団派にとって大本命のエースであり、共青団派が一団となって守り切った。

胡春華は後述するが、党内では誰の目にも明らかな優秀な人材であり、彼が政治局常務委員会入りできない理由を探すほうが難しい。習近平は胡春華を非常に恐れていた。なぜなら、優秀な胡春華が政治局常務委員会入りすれば、党内のアンチ習近平派の間で胡春華待望論が自然と盛り上がる。習近平は長期独裁体制を確立するために、5年後の第20回党大会で総書記任期3期目を継続したい。実力のある若い後継者が横に並びたてば、任期3期目を継続しようにも説得材料がない。

習近平が考えたのは、とにかく胡春華を政治局常務委員会に入れさせないこと、もし入れさせるならば、自分の腹心である陳敏爾を胡春華よりも序列上位で一緒に入れさせることだった。陳敏爾ならば、たとえ第20回党大会で総書記の座についても、習近平に対しては従順で、習近平が経験不足の陳敏爾を補佐するという形で、鄧小平が江沢民を補佐したように〝院政〟をしいて、権力の頂点に居座り続けることができる。

だが、陳敏爾に対する党内の評価は孫政才に対する同情もあって、非常に低く、結局陳敏爾を政治局常務委員会にねじ込むという習近平の作戦は失敗に終わった。日本の毎日新聞が党大会前に、二度にわたって陳敏爾の政治局常務委員会入り内定、習近平後継ポストに内定という人事特ダネを報じたが、こうした陽動のリークネタが大手新聞に流れるほど、この後継ポスト人事の攻防は激しかったということだろう。

陳敏爾の政治局常務委員会入りが失敗すると、胡春華も政治局常務委員会入りを辞退したという。表向きは体調不良などといったらしいが、唯一の50歳代若手として政治局常務委員会入りすれば、習近平はおそらく全力をもって胡春華をつぶしにかかると思われる。こうした習近平との全面対決を慎重な胡春華は自ら避けたといわれている。

では、胡春華はポスト習近平をあきらめたのか、というと、党内事情通によれば、そうとはまだいいきれない。第20回党大会までの5年間の情勢を見極めながら、機会をうかがうのではないか、という。

第20回党大会では、習近平は引退年齢に達しているが、李克強、汪洋は留任できる。第20回党大会で胡春華が政治局常務委員会入りすれば、共青団派は少なくとも3人。共青団を中心とする集団指導体制を確立するチャンスはまだ残っている。

逆にいえば、習近平独裁を確立するためには、この5年間で胡春華を完全失脚させるか、圧倒的な権力基盤を作り、引退年齢を引き延ばすなり、党主席制度を復活させるか、あるいは習近平が3期目も継続せざるをえない事情、たとえば戦争や紛争などの政治的緊張状態にあるなどの条件を創らねばならない、ということになる。

王岐山の引退が意味するもの

政治局常務委員会に若手後継者候補が入らず、全員60歳代となったものの、68歳定年制は維持された。王岐山の引退は、いかに能力の高い優秀な人間であっても、68歳定年ルールに例外はない、ということが確認されたということになる。習近平は王岐山の留任を望んでいた。

それは、王岐山がスーパー実務家であり、彼ならば定年ルールの例外として政治局常務委員会に残留したとしても、党内の反発は少ないであろう、と思われ、そして一人例外を認めると、第20回党大会で習近平が引退年齢に達したとしても、王岐山の前例をもって、自分が定年ルールの例外になることも可能になるだろうと期待していたからである。

習近平が定年ルールを無視して任期3期目を継続するために、王岐山に残留してほしかったのだ。だが、王岐山は引退した。王岐山自身が引退を望んでおり、習近平の慰留も聞かなかったといわれている。だが、その背景はいささか複雑でもある。王岐山の存在は、今後の習近平政権にも影響を与えかねないので、ここで紙幅を割いて説明したい。

王岐山は2012年から2017年までの5年間、習近平の反腐敗キャンペーンという建て前の権力闘争を最前線で支えてきた中央規律検査委員会書記だった。非常に有能で、習近平の右腕といわれながら、その優秀さゆえ、コンプレックスの強い習近平に恐れられ疎《うと》まれているという情報も流れ、二人の関係は実に微妙なバランスの上に成り立っているともいわれていた。

では王岐山とはどういう人物なのか。どれほど優秀なのか。

1948年、山東《さんとう》省青島市生まれ。原籍は山西《さんせい》省だ。父は清華《せいか》大学卒の優秀な建築技師で日本軍に占領された青島にあって、日本のために働くことに抵抗した気骨の人だった。国民党が共産党に敗北したときに台湾に撤退するように求められたが、共産党の中国建設に協力したいとこれを断り、1956年に中華人民共和国政府の建設部設計院所属の高級技師となった。やがて文革が始まると、批闘にあい、その息子である王岐山も下放《かほう》の憂き目にあう。

習近平との親密な関係を築いたのはこの文化大革命中、知識青年として延安《えんあん》（陝西省《せんせい》）の馮荘公社に下放（学歴の高い都会の青年に〝思想教育〟のために農村で動労させる文革中の政策）されていた時だった。習近平は延安県馮荘公社から80キロほど離れた延川県《えんせん》梁家河大隊に下放されることになった。

このとき、延川県に行く途中の延安県で一泊するが、その時泊めてもらったのが先に下放されていた王岐山の家だった。1969年、王岐山21歳、習近平16歳のときだ。陝北《せんほく》の厳しい気候、貧しい食事、重労働の中でのちょっとしたふれあいが、永遠の友情や恩義として心に残る。一枚しかない布団に二人は身を寄せ合ってくるまり寒さをしのいだという。

この一宿の恩に感謝して、習近平は北京から携えていた一冊の経済書を王岐山に渡し、以来二人の友情は続いているという。当時北京から延安地域に下放された知識青年はおよそ2・8万人。そういう意味では習近平と王岐山の出会いというのは数奇な運命であった。

王岐山にしてみれば、かの有名な建国元老・習仲勲の息子と「同じベッドで寝た」思い出は非常に印象深いものであったろう。

ちなみにこの当時の王岐山は非常に都会的でかっこいい男性だったらしい。同じ地域に下放中であった姚依林《よういりん》（元商業部長、文革で失脚するが後に名誉回復、副首相も務めた）の娘の姚明珊のハートを射止め、結婚している。この姚依林の女婿という地位をもって王岐山は「太子党」あるいは「山寨《さんさい》（パクリ）太子党」とみられるようになった。

王岐山は無類の歴史好きで下放先の陝西で1971年、「陝西博物館」に勤務。そのつてで

1973年、西安《せいあん》市の西北大学歴史学部に入学。76年に卒業後、再び陝西博物館に勤務し、文革終了後の79年には社会科学院近代歴史研究所の実習研究員となった。

しかしながら、文革で実務能力のある官僚が極端に少なくなった中国政府が王岐山のような有能な人材を見逃すはずがなかった。王岐山が歴史研究の傍らに書いていた改革開放経済に関する論文が中央の目に留まり、1982年、党中央農村政策研究所に配属される。

農村経済の専門官僚として順調に出世していくが、1988年、農村信託投資公司総経理（書記）に転出されたのをきっかけに、金融畑で頭角を現すようになる。人民建設銀行頭取などの要職を経て、中国初の国際投資銀行、中国国際金融有限公司（中金公司）の設立を主導した。

その後、王岐山が金融官僚としてその実力を発揮する機会が二回あった。一度は1997年のアジア金融危機である。

王岐山

1997年のアジア金融危機は香港経済、広東経済も直撃、改革開放で広東経済の推進力をになってきたノンバンク広東国際信託投資公司（GITIC）や粤海《えっかい》企業集団が破たんした。この金融危機を立て直すために1998年に朱鎔基《しゅようき》が首相になると、当時党内随一の経済実務家と評判になっていた王岐山を抜擢、王岐山は広東省副省長として、混乱の極みにあった広東金融の救済にあたる。

王岐山は、国有企業は政府によって救済されるという暗黙のルールをやぶってGITICを破産、閉鎖させる一方、粤海についてはゴールドマンサックスの協力を得て債務者とのタフな交渉を行い再建にこぎつける。

また中央銀行から380万元の融資をうけ、1000に近い中小ノンバンクを閉鎖させていった。こうして広東金融パニックを素早く鎮火させた実績によって王岐山は2000年、国務院経済体制改革弁公室主任（党組書記）に昇進、2002年には中央委員、将来の指導者候補として行政経験を積ませるために海南省委書記に任命される。

だが2003年に中国で広東から発生した新型肺炎（SARS）が北京にまで蔓延し、いわゆるSARSパニックが発生したとき、北京市長代理として北京に呼び戻される。

このころ党内では「こまったときは王岐山」とばかりに、その実務能力の高さに頼りがちだった。SARSパニックを強硬な封じ込め作戦で素早く鎮静化させると、その実績を買われてそのまま市長となって北京五輪準備を任された。

2007年、第17回党大会で政治局委員に昇進、翌年3月の全人代で温家宝《おんかほう》内閣二期目の副首相（金融、商務、市場管理、観光担当）に選出された。その翌年秋、リーマンショックが起きる。このとき、再び、王岐山は金融官僚としての辣腕を発揮、4兆元の財政出動を断行し、この危機を乗り切った。

この決断が後に、中国の土地バブルを引き起こし、地方債務の悪化につながるのだが、しかしこの中国の思い切った政策が世界経済の立て直しに大いに貢献したことも事実だった。

２０１２年の第18回党大会で習近平政権が発足。かつて陝北の荒野で下放された知識青年同士の友情をはぐくみあった王岐山は、習近平の片腕として、最高指導部・政治局常務委員会入りし、中央規律検査委員会書記として習近平の反汚職キャンペーンの陣頭指揮をとることになった。当初、王岐山の経済・金融の実務能力の高さを見込んで副首相職に押す声も高かった。

だが、李克強が経済を主導する首相になることはすでに決まっており、その上で王岐山を経済・金融担当の副首相にすれば、李克強のメンツをつぶすことになる、と習近平夫人の彭麗媛が反対したという話を聞いたことがある。もし、王岐山が副首相となって経済・金融マターを扱えば、ひょっとすると習近平政権の性格、路線も違ったものになったかもしれない。

王岐山という有能な中央規律検査委員会書記によって、習近平の打ち出した反汚職キャンペーンは次々と〝大虎〟を狩り出していった。周永康、徐才厚、郭伯雄《かくはくゆう》、令計画《れいけいかく》、蘇栄《そえい》……。そして最近では孫政才。企業家では鄧小平の孫娘婿の呉小暉《ごしょうき》。政治局常務委員経験者も現役政治局員も鄧小平ファミリーも聖域なしの反腐敗キャンペーンであった。

また中央巡視小組と呼ばれる〝汚職Gメン〟的組織を結成し、前触れなしの立ち入り検査を行い、地方政府や中央企業・組織の汚職・不正を次々暴《あば》いていった。習近平政権一期目に失脚した汚職官僚・政治家・企業家は１５０万人以上というすさまじさだった。

これは習近平政権にとって不都合な政敵排除とセットとなった権力闘争であるため、ある種の恐怖政治にもなった。王岐山は有能と尊敬を集める一方で、その容赦のなさは党内に深い敵意もはぐくんだ。規律検査委員会書記となってから王岐山はわかっているだけで、27回の暗殺未遂を経験している。これは習近平自身よりも命を狙われる回数が多い。

習近平と王岐山は実は仲が悪い？

習近平の権力闘争のために、命を張って反腐敗キャンペーンの陣頭指揮を執ってきた王岐山。では王岐山にとって、習近平は命を懸けて仕えるほどの盟友なのか。習近平は王岐山のことを同じように盟友として信頼しているのだろうか。

日本のメディアでは中国の政治や権力闘争事情は、一般に、この二人が盟友、政治同盟関係であるという前提で語られているが、私が見るところでは、この二人に、たとえば胡錦濤と温家宝のような確固とした同盟関係があるようには見えない。そもそも、習近平に真に信頼できる友人がいるのかどうかも疑問である。

王岐山と習近平の関係も周辺筋によれば微妙ということである。その関係の悪化が顕著になったきっかけは、十日文革事件（任志強《にんしきょう》事件）だろう。2016年2月19日から十日にわたって起きた任志強バッシングとそれをめぐる王岐山と中央メディアとの闘争のことである。

任志強とは、王岐山の親友である。父親は元商業部副部長まで務めた高級官僚・任泉生。不動産大手・華遠集団総裁を務めたことのある太子党の不動産王である。2014年に企業家から足を洗うが中国不動産協会副会長などの役職を務める不動産業界のドンとして君臨していた。

また当時は北京市政治協商委員（市議に相当）、北京市西城区人民代表（区議に相当）という役職にも就いている。中学生時代、王岐山に家庭教師として勉強を教えてもらって以来の親友で、王岐山が最高指導部入りしてからも、夜中に電話でぐちを言いあったりするくらいの仲だという。

王岐山という大物政治家が親友ということで、任志強は怖いもの知らずで、その発言も大胆であった。このころは、その放言癖をもって、〝中国のドナルド・トランプ〟などと呼ばれた。

２０１６年2月19日、習近平が党中央総書記としてＣＣＴＶ、人民日報、新華社を視察に訪れたニュースを見て、任志強はこの放言癖を発揮した。ＣＣＴＶが習近平に忠誠を誓っていることをアピールするために、テレビ画面に大きく「ＣＣＴＶの姓は党、絶対忠誠を誓います。どうぞ検閲してください」と卑屈な標語を掲げたことに対して、任志強は「人民の政府はいつ党の政府になった？」「すべてのメディアの姓が党になって人民の利益を代表しないようになったら、人民は忘れ去られて片隅に追いやられるんだ！」といった批判をネットの微博《ウェイボー》上でつぶやいたのだ。

この発言に、ネットユーザーのみならず、体制内知識人まで、大賛同だった。任志強は党中央メディアの卑屈な習近平擦り寄りぶりを批判しているのだが、その本質は個人崇拝をメディアを通じて仕掛けている習近平自身に対する批判でもある。

だが、批判されたメディアは22日から一斉に、「任志強は西側憲政民主の拡声器だ」「任志強は民衆の代弁者のふりをして、民衆の反党反政府の憤怒の情緒を扇動している」などとバッシング報道を開始した。これは、あたかも、文革のつるし上げの様相であった。

2月28日には、大手ポータルサイト新浪《シナ》と騰訊《テンセント》の任志強のアカウントも国家インターネット情報弁公室の命令で閉鎖させられた。だが中国メディアおよび中央宣伝部がかくも威勢よく任志強バッシングを展開した本当の狙いは、別に習近平への忠誠心からではなく、任志強の発言が反党・反政府的であったからでもない。

任志強バッシングを最初に開始した「千龍ネット」（北京市党委宣伝部主管のニュースサイト）が掲げた「誰が任志強を〝反党〟的にさせたか」という一文では「任志強が夜中に頻繁に電話する指導者」（王岐山を指す）を挙げており、要するに任志強が恐れることなく習近平政権批判めいたことを言える黒幕は王岐山だ、ということをほのめかしている。

この任志強バッシングを受けて北京市西城区党委員会は、任志強に対して党籍剥奪処分などを行おうとしたのだが、王岐山は2月28日、汚職Gメンこと中央規律検査委員会巡視隊を中央宣伝部に派遣し突然の〝ガサ入れ〟を行って、中央宣伝部およびその管轄下にある中央メディアを黙らせるとともに、3月1日に中央規律検査委機関紙「中央規律検査監察報」上に「千人が唯々諾々と語るより一人の士の諤々とした発言のほうがまさる（千人之諾々、不如一士之諤々）」と題した原稿を発表させる。

タイトルにある〝一士〟が任志強を指していることは間違いなく、中央規律検査委、つまり、王岐山は習近平礼賛メディアを批判する任志強を表立って擁護したことになる。習近平にしたら、これは面白くない。

だが、王岐山にしてみれば、任志強バッシングの形を借りて中央宣伝部が自分を攻撃していることに対し、習近平は何の擁護もしてくれなかった、という恨みがある。そもそも、王岐山自身が習近平の個人崇拝キャンペーンはやりすぎだ、と感じていたようでもある。

当時の中央宣伝部はアンチ習近平派で江沢民に近い劉雲山《りゅううんざん》が仕切っていたので、習近平と王岐山の同盟関係に亀裂をいれようと、仕掛けた可能性もある。だがもともと、王岐山は、暗殺未遂の危険をおかして反腐敗キャンペーンを推し進めている自分に対しての習近平の感謝や配慮が足りないと、その態度に不満を感じ、習近平は習近平で、上から目線で自分に意見したり批判する王岐山を疎ましく思っていたようでもある。

二人の険悪な関係は同年7月、共通の親友・葉選寧《ようせんねい》（葉剣英《ようけんえい》の二男）の葬儀の場で、葉剣英の長男の葉選平《ようせんぺい》の仲介によって、修復されたという話も聞くが、それは表向きの話で、双方が今なお、腹の底にもやっとした不信感を抱いているであろうことは多くの周辺筋が指摘している。

郭文貴が握る王岐山の運命

王岐山と習近平の関係にさらに亀裂をいれているのは、米国に逃亡して、王岐山の腐敗スキャンダル疑惑をインターネットメディアを通じて次々と告発している闇の政商・郭文貴《かくぶんき》の存在がある。

郭文貴は1967年生まれ、山東省出身。北京五輪公園開発で暗躍した〝闇の政商〟であり、太子党の〝ラスボス〟とも呼ばれている元国家副主席の曾慶紅の腹心でもあった。

2002年、新たに政泉不動産（後に政泉ホールディングス）を起業、北京五輪公園の開発計画を全面的に請け負った。王岐山が北京市長で、副市長が劉志華《りゅうしか》（2009年失脚済）だった時代だ。郭文貴は国家安全部内で曾慶紅の手先となっていた馬建《ばけん》と組んで劉志華から便宜を図ってもらい、巨額の利益を得た、といわれている。

馬建はかつて安全部第十局（対外保防偵察、海外の中国人駐在員や留学生の監視）の任務なども負っていたが、2006年に副部長に昇進、当時は次期部長候補とも目されていた。その昇進を推したのが元国家副主席の曾慶紅という。

この馬建は、先に失脚した元統一戦線部長の令計画の事件にも連座しているとの話もある。令計画の妻・谷麗萍《こくれいへい》の国外逃亡（失敗）に協力するよう、元北大方正集団CEO李友《りゆう》から3000万元の賄賂を受け取ったらしい。李友は令計画やその妻の腐敗の温床と化していた西山会《せいざん》（山西省出身官僚利権グループ）に資金提供していた政商で、谷麗萍への贈賄などの疑いがあった。

国家安全部は諜報・防諜活動のためという建て前で巨額の「特費」と呼ばれる予算を自由に使える身分であり腐敗しやすい背景がある。その職務の特殊性から政商と結びつき、情報と金、保護と金という利権関係に陥りやすかった。馬建と郭文貴はまさに、そういう相互利益供与による同盟関係にあったという。ちなみに、郭文貴は李友、王岐山とも相互利益供与の関係にあり、仲良く映っている写真が中国ネットに出回っている。

つまり、このころの北京五輪利権には王岐山自身も加担している可能性があり、郭文貴はその証拠を握っている可能性もあるわけだ。五輪公園を見下ろす七つ星ホテル・盤古大観は、郭文貴の会社が投資したものだ。ここの最上階のレストランは、国家安全部幹部たちの御用達《ごようたし》でもあった。

馬建は曾慶紅の推しで国家安全部副部長まで昇進、次期部長も視野に入っていたといわれていたが、2015年1月、失脚した。建て前の理由は汚職だが、馬建は習近平を含む国家指導者たちに対して盗聴などを行い、そのスキャンダル情報を集めていたからだといわれている。そのスキャンダルを握って政治を動かそうとしていたのは、すでに完全引退し、表にほとんど姿を現すことのない曾慶紅だったといわれている。

馬建失脚に我が身の安全を懸念した郭文貴は、米国に逃亡した。このとき、馬建が集めていた王岐山や習近平のスキャンダルの証拠を一緒に持ち出したといわれている。馬建が失脚した後の3月下旬、中国メディア・財新グループが、徹底した郭文貴批判を展開した。財新は中国メディア界の女傑と呼ばれる胡舒立《こじょりつ》が立ち上げたメディアグループ。

その報道では、郭文貴が失脚した馬建の盟友であること、郭文貴と結託していた河南省《かなん》の官僚が巨額の汚職で死刑になっても郭文貴が無事でいられたこと、李友とのビジネス上のトラブルや確執、劉志華（失脚した北京市副市長）の乱交を盗撮ビデオに収めて党中央上層部に刺したのは郭文貴の自衛のためであったこと、その他もろもろの悪行を事細かに暴露している。1月中旬に李友ら方正集団幹部が取り調べにあったと見られており、これらのネタは李友サイドが「捜査協力」として当局に提供した可能性がある。

郭文貴が反撃開始！

これに対して、半年前から米国に逃亡、滞在している郭文貴サイドが2015年3月29日、ネットを通じて、反論を発表した。いわく、財新の報道は事実無根であり、郭文貴本人と彼の会社（盤古大観）の名誉を大いに棄損した。胡舒立はメディア人の立場を利用して、悪意をもってニセの情報で世論を操作し、これは報道倫理にもとる。郭文貴サイドはオフィシャルな場で、胡舒立との公開討論を望む。

さらに胡舒立について、「自由の闘士、人権闘士、法律の防衛者と外部に喧伝しているが、巨大な政治人物をバックにつけている。正義の士として、どんな強大な政治的人物にケツモチさせているか公開してはいかが？」と王岐山の庇護をうけていることをにおわせたうえで、「私は妻一筋30年、あなたと李友、その仲間たちのように私生児はいない」と、胡舒立が李友の愛人で、子供までいるといった憶測を引き起こすような発言も飛び出した。

この後も続いて、香港メディアの取材を受けて「自分の手のうちには一部の人たちの致命的な情報がある」「北京五輪期間中、私と王岐山との関係は非常によかった」「米国に来てから、わたしは米国政府やいくつかの国ともずっとやり取りを続けている。米国が私の行動を支持し、未だ公開していない情報も把握している」などと語り、いざとなれば米国政府が自分を守ってくれるといったニュアンスもにおわせている。

この郭文貴の反論に対しては、財新側は「胡舒立女史の人格を棄損した。法的手段に訴える」との声明を発表していた。

ちなみに郭文貴のほかに、もう一人、爆弾情報を握ったまま米国に逃げ込んでいる人物がいる。王誠こと令完成《れいかんせい》。胡錦濤の大番頭・令計画の弟で、新華社幹部を経て、プライベートエクイティファンドを立ち上げ、中国・香港のメディアに投資してきた令完成の握る情報は、郭文貴にまさるとも劣らない習近平政権にとっての「爆弾」といわれてきた。

郭文貴、馬建を中心とする政商グループを盤古会、令計画、令完成、李友らの政商グループを西山会といい、両グループとも周永康との関係が深いといわれている。だが、本当の黒幕は、曾慶紅だとまことしやかにささやかれている。少なくとも、李友、郭文貴両氏と親密な間柄にあった馬建の背後には、常に曾慶紅の影があった。

曾慶紅は、江沢民の懐刀と呼ばれた辣腕家であり、今なお太子党でもっとも幅広い人脈を築く実力者である。胡錦濤政権時代は国家副主席まで上り詰めたが、習近平を後継として国家副主席に就けた後、完全引退し、その後、その名前はほとんど表舞台に出ていない。習近平を総書記・国家主席への出世ルートに乗せたのは曾慶紅だともいわれている。

こういったことから、習近平の権力闘争の最終的ゴールは、自らの最大の恩人である曾慶紅の首を取ることではないか、という観測もでている。

突然放送中断となった暴露インタビュー

その郭文貴が2017年に入って、王岐山に対して本格的に権力闘争をしかけた。

まず、2017年1月および3月に、郭文貴はニューヨークに本部をおく華字ネットニュース明鏡ニュースのインタビューで、元中央規律検査委員会書記の賀国強《がこっきょう》のスキャンダルを暴露した。賀国強は王岐山の前の党中央規律検査委員会書記。その息子の賀錦濤が北大方正集団傘下の方正証券の第二の大株主の〝上司〟だという。

そして郭文貴はかつて、方正証券の大量の株を買うことで、賀錦濤へ利益供与したことをほのめかせた。つまり、すでに胡錦濤政権時代から中央規律検査委員会は腐敗している、ということを示唆《しさ》したわけだ。

そしてさらに衝撃的な爆弾を、4月19日の米政府系ラジオのボイス・オブ・アメリカ（VOA）のインタビューで投下する。現役の中央規律検査委員会書記の王岐山のスキャンダル。だが、スキャンダルが飛び出したところで放送は打ち切り。視聴者は騒然とした。つまり、このスキャンダルは与太話などではなく、中国共産党が本当に恐れるネタらしい、と。

おりしも、この放送の直前に、中国が国際刑事警察機構（ＩＣＰＯ）に郭文貴に対して国際指名手配書（赤手配書）を出させることに成功した。２０１６年12月にＩＣＰＯの総裁に初の中国人・孟宏偉《もうこうい》（当時公安副部長）を就任させたことで、ＩＣＰＯへの影響力が増したことと関係があるかもしれない。

これまで習近平はオバマ政権に、米国に逃げ込んだ郭文貴や令完成らを、汚職容疑者として引き渡すように求めてきたが、弱腰と呼ばれたオバマ政権でさえ、さすがに彼らの引き渡しに応じなかった。中国側が勝手に私服警官を米国に送り込んで、彼らを探し始めたのが、オバマ政権の逆鱗に触れ、二人の引き渡し問題は暗礁に乗り上げた。だが、これで状況は大きく変わってきた。

その事実が明らかになったのが４月18日。それ以前に４月７日、マールアラーゴで開かれた米中首脳会談で、習近平がトランプに対し、こう述べている。「中国政府は汚職取り締まりに全力で取り組んでいるので、汚職に関わる容疑者の送還や横領品の回収に協力してほしい」

これに対して、トランプは「汚職容疑者の摘発と横領品の回収に関する中国の取り組みを支持する。中国と協力し、両国関係にマイナスの影響を及ぼす要素を取り除き、米中関係のさらなる発展を遂げられるよう努力しよう」と答えている。おそらく、郭文貴は自分の身の安全に不安がつのりはじめ、４月19日、ＶＯＡの衛星放送番組で、インタビューを生中継で受けることにしたのだ。

中国問題に関心のある人々は、この中継に釘付けだった。この番組で、郭文貴がいよいよ、習近平政権のスキャンダルをぶちまけるのではないか、と期待したからだ。インタビューは全部で3時間、最初の1時間は生中継で、途中定時ニュースやCMを挟み、時間をおいて収録分を流す予定だった。

ところが、このインタビューは1時間が終わり、残り2時間に入ったところで突然、VOA側の都合で、視聴者に何のことわりもなく打ち切られてしまったのだった。ちょうど、習近平が王岐山を信用しておらず、王岐山自身の汚職問題の調査をするように、側近の公安副部長の傅政華に命じて、その協力を傅政華が郭文貴に要請した、という話が終わったタイミングだった。あまりのことに、世界中のチャイナウォッチャーたちが騒然となった。

打ち切られる前の部分のインタビューの内容もなかなか刺激的なので、少し紹介しておこう。

インタビュー内容の一部始終

郭文貴によると、傅政華は郭文貴の家族や社員、資産を〝人質〟にとって、反腐敗キャンペーンの陣頭指揮をとる党中央規律検査委員会書記の王岐山の家族のことを調査するように要求。王岐山の甥の〝姚慶〟という人物が海南航空集団（海航）から借り受けている金や不動産、海外の預金の移動状況を調べるように、と命じたという。

また、党中央政法委員会書記の孟建柱《もうけんちゅう》の複数の愛人についても調べるように要請したという。

そして、この命令は習近平国家主席自ら、傅政華に下したものであり、習近平は王岐山と孟建柱のことを信用していないからこのような命令を下すのだと、傅政華は説明したという。

また、郭文貴は自分が、傅政華からゆすられていたことの証拠に、電話の会話の録音の一部を提供。その録音には、傅政華の弟と思われる人物・傅老三が、郭文貴に5000万ドルを要求、そうすれば中国国内に残る家族と社員を自由にしてやる、という会話が記録されていた。電話は途中で老三から兄、すなわち傅政華に替わったが、録音状況は非常に悪く、声だけではなかなか人物を判別できない。

傅政華は、王岐山のプライベートジェットの登録番号やその他調査に必要な資料も提供してくれたという。時期については触れられていないが、事実なら、傅政華が公安副部長になった2013年8月から、馬建が失脚し郭文貴が習近平政権から追われる身になる2015年1月までの間の話となる。

郭文貴は、インタビュー中、国際指名手配になったことについて、自分はグリーンカード保持者で、複数の外国パスポートを持っており、長年、中国パスポートを使っていないことから、中国から国際指名手配される条件にあっていない、と主張。その一方、自分に汚職の実態を暴露されることを中国当局が恐れていることはわかっていたので、指名手配される心の準備は2～3年前からできていた、とも語った。

だが、指名手配の根拠とみられる、馬建への6000万元の賄賂などについては、事実ではないと否定。自分がこの3年の間、ＦＢＩともＣＩＡとも連絡を取り合う関係にあり、暗に米国の庇護下にあることを訴えつつ「私の弁護士団と相談して対応を考える」としている。

また自分が国家安全部に利用されていたと主張し、「国家安全部はビジネスマンをしばしば利用してきた」とも言う。国家安全部は郭文貴にパスポートを与え、外国の〝要注意人物〟に接触する任務を与えたという。具体例としては、習近平の委託を受けてダライ・ラマ14世に接触し、「ダライ・ラマの書いた孟建柱書記と習近平主席あての手紙を預かったこともある」という。

郭文貴の話は事実なのか。これはなんとも判断しにくい。姚慶という人物の存在も裏がとれない。だが、口から出まかせばかりとも思えない。中国のハイレベルの政治家、官僚が汚職の一つや二つやっているというのは当たり前だし、中国人ビジネスマンが工作員として海外の民族運動組織や民主化運動家に接触していることもよく聞く話である。

だが、この件において、実のところ細部の事実の正確さは重要ではない。重要なのは、これは汚職問題ではなく、権力闘争であるという点だ。習近平は郭文貴の背後にいる政敵・曾慶紅を牽制する意味でも郭文貴を逮捕する必要があり、スキャンダルの暴露を抑え込まなければならない。

一方、郭文貴は、背水の陣で習近平政権のスキャンダルを小出しにしながら、自分の身を守り抜かねばならない。矛先が、党序列一位で最高意思決定者である習近平にではなく、むしろ習近平を持ち上げつつ、王岐山に向いているのは、習近平にメンツを与えて妥協を引き出すつもりだったのだろう。

放送にストップをかけたのは誰だ!?

ところで誰がＶＯＡにインタビューを中断させたのか、という問題である。要するに、米国政府が関わっているのかどうか。トランプ政権が、郭文貴をどう扱おうとしているのか、である。

中国外交部と駐米大使館がＶＯＡに対して、番組の内容がどのようなものか説明を求めていることは、番組中、キャスターが漏らしている。だが、中国当局から圧力がかかるのは想定の範囲内だ。仮にも米議会からの資金提供も受けている天下のＶＯＡが中国当局だけの圧力に屈することがあるだろうか。

その後、華字ネットメディアの明鏡ニュースは、国務省やホワイトハウスが、ＶＯＡに圧力をかけた形跡はなく、あくまでＶＯＡのハイレベルの独自判断で打ち切りを決定した、という情報を出した。ＶＯＡサイドが国際指名手配者を擁護するように受け取られたくないと判断した、という見方だ。だが、そこに米国が北朝鮮の核問題で中国の協力を強く要請しているという米中関係の成り行きが忖度《そんたく》されていない、とも限らない。

華字メディアの中では国際的にも非常に信頼されていたＶＯＡは、このインタビュー中断で、いたくファンをがっかりさせ、メディアの信頼を落としてしまった。ＶＯＡともあろうものが、中国の圧力に屈するのか、と非難轟々である。その後、このインタビューの関係記者たち５人を事実上の解雇処分にしたことが、さらにＶＯＡは中国に支配されている、という批判につながった。

もっとも、今やメディアは既存のラジオやテレビ、新聞だけではない。郭文貴はインタビューが中断されて以降もツイッターや明鏡ニュースなどで、中国共産党のハイレベルの汚職の実態を発信し続けた。

「『反腐敗筆頭人物』はプライベートジェットにトップモデルを帯同している。そのモデルは1時間16万元で契約、飛行機の上で狂ったようにご乱交だ」「王岐山と有名女優の性愛ビデオをもっている。中国大飯店１８０８号室と国際倶楽部飯店でのものだ。これを見せたら、みんな発射してしまう」「海南航空集団の大株主の慈善団体のトップは王岐山の私生児」「王岐山には愛人に産ませた二人の娘がオーストラリアと米国にいる。なぜなら王岐山の妻は子供ができないからだ」……。

こうした下品なゴシップを誰もがうのみにしているわけではないが、ＮＹＴ（ニューヨーク・タイムズ）はじめ一部米国メディアは海南航空集団の不透明な資産構造や株主の正体を調べはじめている。新華社通信は姚慶なる人物や海南航空集団と王岐山の関係については一切否定しているが、もし、郭文貴のいうように、王岐山ファミリーが海南航空集団と癒着関係にあるような証拠が出てくれば、激しい汚職取り締まりで知られる王岐山の政治生命は危うく、王岐山どころか反腐敗キャンペーンを政権の権力維持の基礎においていた習近平政権自体が揺らぎかねない。

かつて、同じようなパターンの事件があった。1999年に発覚した遠華事件（アモイ事件）と呼ばれる中国史上最大の汚職・密輸事件だ。主犯の頼昌星《らいしょうせい》も郭文貴と同じように、軍の秘密工作任務を引き受けながらその特権を利用して大富豪となり、解放軍や党中央の幹部たちのスキャンダルをつかみ、汚職が発覚したあとはいち早く、カナダに逃亡した。

カナダへ逃げた大富豪

郭文貴と決定的に違うのは、頼が逃げた先は、死刑も廃止された人道主義のカナダ政府の下であり、頼を中国に送還すれば死刑になるとわかっている以上、カナダが中国への引き渡しに抵抗し続けてきたことである。胡錦濤が頼を死刑にしないと確約した2011年にようやく、中国への送還が実現した。

ちなみに、胡錦濤は取り返した頼を、アモイ事件への関与が噂される習近平に対する牽制カードとして利用するつもりだったが、頼は刑務所内で毒を盛られて失語状態だ、という噂だ。

郭文貴が逃げ込んだのはトランプ政権下の米国である。伝統的な米国政府は、祖国の重要機密情報を握る政治亡命者は手厚く庇護し、その情報を対外戦略に生かしてきた。だが、トランプはどうだろう。少なくとも中国の送還要請を拒否する理由として人道主義を掲げるのには無理がありそうではないか。

トランプ政権が郭文貴の身柄と彼の隠し持つ情報をどう扱うかによって、王岐山の進退、習近平政権の行方も左右することになる。

王岐山が国家副主席？

こうしてみると、王岐山は習近平政権の反腐敗キャンペーンを支えた盟友であり、その有能さを惜しんで王岐山の留任を習近平が望んだというのもわかるが、かりに留任すればしたで、その有能さを習近平は恐れることになる。また、郭文貴がどのようなスキャンダル燃料を投下するかもわからず、また米国メディアが、海南航空集団と王岐山ファミリーの癒着を暴く可能性もないとはいえない。

激しい反腐敗キャンペーンによってあまたの恨みを買っている王岐山自身としては、政権の中枢にい続けることで自らの身の安全を守ることもできるが、それ以上に中枢にいることによって、反撃のターゲットになりやすい、という心配もあるだろう。習近平の慰留を振り払って引退を願う気持ちに嘘はなかったかもしれない。また、習近平にしても、定年制の前例を破る意味では王岐山に留任してほしかったかもしれないが、心の底から留任を望んでいたかというと、疑問符がつくのである。

王岐山の政治局引退が決定したあと、香港・星島《せいとう》日報が10月30日付で、王岐山が習近平の要請に応えて来年3月に国家副主席職につく見通し、と特ダネを報じた。これはまだ、不確定要素の多い話だが、ありえなくはない。

国家副主席職は過去、王震《おうしん》や栄毅仁《えいきじん》のように政治局員でなくても就任した前例がある。王岐山の有能さを習近平が惜しんで、対米外交の窓口にするつもりだという説もあるが、引退せずに権力の座にあったほうが情報をコントロールでき、汚職・スキャンダルから身を守りやすいという面もあるかもしれない。王岐山の引退問題は、実のところまだ決着はついていないのかもしれない。

栗戦書は習近平の味方なのか

新しい政治局常務委員会メンバーの横顔も、一通り見ておこう。

一番のキーマンは序列三位の栗戦書《りっせんしょ》かもしれない。習近平派と呼ばれる官僚政治家は、陳敏爾に限らず、北京市委書記に抜擢された蔡奇にしても、上海市長の応勇にしろ、胡春華の跡を継いで広東省書記になった李希にしろ、小粒感が漂う。

いずれも習近平に従順な態度のごますりによって、出世してきたという印象だ。その中で、時に習近平の意見に反対することもありながら、習近平の半径5メートル以内にいつも寄り添っている忠実さを評価されているのが、栗戦書であろう。

彼は習近平より年上であり、いくら有能であっても、後継者にはなりえない。だからこそ、習近平もさほどコンプレックスや嫉妬を感じずそばにおけるのかもしれない。王岐山（現中央規律検査委員会書記）が引退するならば、彼が中央規律検査委員会書記の座を継ぐという噂も一時あった。

そうならなかったのは、栗戦書にとっては幸運だっただろう。なぜなら栗戦書は、習近平の忠実な部下であると同時に、共青団にも深い恩義があるからだ。中央規律検査委員会書記になれば、習近平政権2期目に本格化するであろう共青団つぶしの陣頭指揮を執ることになる。恩義ある共青団派の官僚を追い落とすつらい仕事になったはずだ。

栗戦書の性格は「豪放であると同時に、泥臭いほど義理人情に厚い」と評する人が多い。その義理人情の深さが習近平の好むところであり、また信用しきれないところなのかもしれない。

栗戦書は１９５０年、河北《かほく》省生まれ。叔父が抗日英雄として知られる栗政通であるが、太子党、紅二代《こうにだい》といえるほど、その血統の恩恵をうけてはいない。河北省石家荘地区財経貿学校を22歳で卒業した後、地元の商業局に就職。入党は１９７５年。働きながら河北省師範大学夜間大学の政経部に進学した勉強家である。

正式な大卒学歴のない栗戦書は、とにかく勉強家で、働きながら勤務地に近い中央党校や中国社会科学院研究生院の学習班に通い、黒竜江《こくりゅうこう》省勤務時代にはハルビン工業大学で高級管理人員（ＥＭＢＡ）の資格を取得する。どこに行っても勉強している、というイメージがある。

詩に造詣《ぞうけい》が深く文章家でもあった。胡耀邦（当時、党主席）にあてた手紙『社会主義は素晴らしい』という歌を歌おう」が人民日報に掲載されたことで、石家荘市無極県の書記に抜擢された。習近平との人間関係は河北省無極県で書記を務めた１９８３〜85年にはぐくまれた。

このとき習近平は同じ河北省の隣接する正定県書記だった。

このころの習近平は上司である河北省委書記の高揚から、これ見よがしにいじめられていた。高揚は昔気質の潔癖な共産党人であり、習近平が、父親で建国八大元老の一人でもある習仲勲の〝親の七光り〟で甘やかされている様子ががまんならなかった。習仲勲が息子の仕事ぶりを気にして、高揚に「息子をよろしく」と電話をかけたことがあったが、これをわざわざ河北省の全体会議の場で「習仲勲政治局委員から息子の習近平同志をよろしくとの電話があったが、私はたとえ政治局委員からじきじきの頼みであっても、不正やえこひいきはしない」などと発言。

習近平にすれば自分が父親に頼んだわけでもないのに、大勢の前で辱められ、くやしさと恥ずかしさでいたたまれなかったという。このとき、習近平を親身に慰めたのが、隣県の書記で、年齢も近かった栗戦書だった。栗戦書は人の気持ちの機微がわかる優しい男であった。

栗戦書自身は習近平と違って、いわゆる大物政治家の後押しも特になく、ひたすら自分の努力のみで一歩一歩出世してきた人物だが、その真面目さ、誠実さ、そして実務能力の高さは徐々に評価されはじめていた。だが、性格の良い、評判の良い奴ほどねたまれるのも事実で、河北省常務委員会秘書長時代、直属の上司である河北省委書記の程維高にいじめられた。

当時、程維高は政権トップにいた江沢民の親友という立場で、河北省を牛耳《ぎゅうじ》り、汚職三昧。彼の取り巻きも汚職仲間であった。だが真面目な栗戦書はその汚職仲間に染まらず、それが程維高の不興を買った。程維高は栗戦書の秘書長職を解き、農村工作指導小組副組長という閑職に左遷。おそらくは、このままその政治生命にトドメをさすつもりであったろう。

このとき栗戦書を救ったのが、陝西省委書記の李建国《りけんこく》(元全人代常務副委員長)であった。李建国は共青団派の重鎮で、李瑞環《りずいかん》(元政治協商会議主席、共青団派の大物政治家)が天津市《てんしん》書記時代に大番頭として重用した政治家だ。

李建国は栗戦書の有能さと汚職に染まらない潔癖さを惜しんで、栗戦書を陝西省常務委員会秘書長職に引っ張りあげた。李建国の下、西安市委書記など順調に実務経験を積み、2002年には中央委員候補にまで出世する。李建国が今の栗戦書に至る出世の筋道をつけたといっても過言ではないだろう。

李建国に救われた栗戦書は以降、派閥的には共青団派に属するようになった。やがて政権の座についた胡錦濤もその実務能力を高く評価して、その育成に力を注いだ。

2003年、黒竜江省副書記に異動。2008年には黒竜江省長となる。2010年に貴州《きしゅう》省書記となった。このとき、栗戦書は「胡錦濤同志を総書記とした党中央とともに、思想を統一し、心を集中し、力を合わせて発展させていくことが当面の急務である」と胡錦濤に対する忠誠を誓ったという。栗戦書は貴州省で教育水準の引き上げに力をさき、進学率上昇という数字で結果を出した。

そして胡錦濤から習近平に政権を禅譲される2012年7月、党中央弁公庁に戻される。これは習近平たっての希望人事であったという。習近平は河北省時代の友情を覚えていたのだ。9月にはそれまで中央弁公庁主任であった令計画の離任を、そのスキャンダルを理由に胡錦濤に認めさせ、栗戦書を主任にした。第18回党大会では政治局入りし、以降、栗戦書は習近平の

「大番頭」として、その権力闘争および政策の主要なブレーンの一人となっていく。

栗戦書は実に有能であった。シンガポールで行われた習近平と馬英九《ばえいきゅう》（当時中華民国総統）の歴史的会談（２０１５年）の水面下交渉のシナリオづくりや、劉雲山が牛耳るメディア界への介入など数々の重要な仕事を習近平のためにこなした。その最大の功績は「習核心」キャンペーンを仕掛けたことだろう。

栗戦書は２０１４年秋から鄧小平の「核心論」に関する論文を中央弁公庁機関紙の「秘書工作」などで発表し始め、党の権威維持には核心が必要であることを主張し始めた。さらに、それが習近平であることをほのめかせはじめた。

当時、党内では総書記就任わずか2年目で習近平が核心を名乗るなど信じられなかったし、核心指定とは鄧小平の専権事項だと思われていた。天安門事件後の党の権威を安定させるために江沢民を核心と定義づけたのは、鄧小平であり、鄧小平以外の誰かが、誰かを核心と定義づけることなどありえないと思われたのだ。

だが栗戦書は、江沢民派（周永康、薄熙来、徐才厚、郭伯雄、令計画ら）の腐敗イメージを際立たせることで、江核心が揺らいでおり、それを習核心によって塗り替えることで、党中央の権威が維持できるという主張を江沢民派に反感をもつ地方から浸透させていき、２０１６年秋の六中全会で「習核心」を確立させることに成功した。

「義理人情」の男、栗戦書

これほどに習近平のために骨身を削って仕事をしている栗戦書だが、一度だけ習近平に盾突いたことがあるという。

第18回党大会に政治局入りした共青団派の重鎮、李建国が習近平に失脚させられそうになった時である。2013年1月、2015年7月に一部メディアは李建国が汚職で取り調べ中と報じた。詳しい容疑は不明ながら、山東省委書記時代に身内をひいきして出世させたなどの黒い噂も多々あった。何より未だ李瑞環の影響力を政治局内に持ち込む人物であり、習近平としては早々に失脚させたい大物政治家だ。

だがこの李建国は栗戦書にとっては絶対裏切ることのできない恩人であった。李建国を追い落とそうとする習近平に対して、栗戦書は猛然と抵抗したという。

自分を総書記ポストに押し上げた江沢民や曾慶紅に対しても、自らの保身のためには容赦なく権力闘争をしかける習近平にしてみれば、栗戦書の「義理人情」重視は理解不能だったかもしれない。以降、習近平と栗戦書の友情にはぎくしゃくしたものが芽生え始めたという人もいる。

2016年11月15日付の人民日報に、栗戦書は「党中央権威を堅持しよう」という署名原稿を発表し、栗戦書がいかに習近平を党の核心として忠誠を誓っているかを滔々《とうとう》と訴える内容になっている。さらに2017年4月24日付の「人民日報」でも、「習近平同志を核心とする党中央の権威を断固維持する」との見出しで、栗戦書の習近平に対する忠誠ぶりが報じられた。

この栗戦書の忠誠アピールは、党内でも話題になったという。「習近平のためにあれほど懸命に働いている栗戦書でさえ、ここまで忠誠を誓っていると繰り返さねば安心ではないのだ」と。

恩人を裏切ることのできる習近平は、恩人を裏切ることができない側近を心から信頼することができず、側近の栗戦書はいくら忠誠を尽くして見せても、心から習近平を信頼できないかもしれない。

そういう栗戦書が政治局常務委員会入りを果たした。だが、習近平政権の一番の重要任務である反腐敗キャンペーンを主導する中央規律検査委員会書記にはならなかった。全人代常務委員長に内定したのは、国家主席職の任期を2期10年を超えないとする憲法を改正するなど、習近平の長期独裁政権化を立法面からサポートすることを期待されているのだろうが、どちらかというと名誉職に近い。

習近平派vs.共青団派、という構図の権力闘争が激化するようなことになれば、双方に恩義を感じている人情家の栗戦書はさぞ板挟みで苦悩することだろう。そのとき、非情な習近平に従い続けることができるのか。これは今後5年の党内の動きを今しばらく観察する必要がある。

改革派・汪洋の影響力

序列四位の汪洋《おうよう》も、有能な政治家だ。現副首相だが、2018年春には全国政治協商会議主席の任につくと見込まれている。これは参院議長に相当する名誉職で、有能な汪洋にすればやや物足りない地位かもしれない。

汪洋は1955年生まれ。安徽《あんき》省の貧困家庭に生まれ、高校卒業もままならず、17歳で食品工場の労働者として働きはじめ、1975年に入党した。ちょうど文革期であり、学歴よりもまじめな党員としての評価が重要であった時代、幹部候補生学校の教員に抜擢され、文革後はその優秀さから党中央校理論宣伝幹部班で政治経済学を学習する機会を得た。

1981年、地元の安徽省宿県の共産主義青年団の党委副書記となり共青団省委員会副書記、安徽省体育委員会主任など着実に出世していき、1993年に副省長となる。

1999年、時の首相、朱鎔基の目に留まり国家発展計画委員会副主任に抜擢。共青団派の有能人材として2005年に重慶《じゅうけい》市委書記、2007年に政治局入りし、広東《カントン》省委書記を任された。

広東省委書記になってからの汪洋は、米国サブプライムローン問題によって世界経済が減速する2008年5月、この悪影響から脱するために外資輸出産業に頼っていた広東省の経済構造改革に踏み切り、労働集約型の衰退産業を省外に移し、金融、物流、ITなど先進企業の育成に注力する「騰籠換鳥」政策をいち早く打ち出し、のちに「広東モデル」として高く評価されるなどの経済行政手腕を見せた。

首相の温家宝を食うような経済行政手腕は、しばしば温家宝との対立の噂のもととなったが、私の聞きおよぶ範囲では、胡錦濤、温家宝とも汪洋の行政手腕を見込んで、大切に育てていたという。一説によると、汪洋を最初に見出したのは鄧小平であり、そのことを恩に着ている汪洋は鄧小平路線・改革開放の忠実な実践者だと、評価されている。

胡錦濤の汪洋の能力への期待は特に大きく、広東省深圳《しんせん》での政治特区構想など政治改革の試行などの特別任務を非公式に指示していたという。結果的には、江沢民派の妨害や、前任地重慶における薄熙来の「打黒《だこく》」(反腐敗キャンペーン)を建て前とした権力闘争への対応に追われ、この政治改革への取り組みは頓挫《とんざ》した。

一方で、烏坎《うかん》村事件(書記による農地強制収容・腐敗問題に対して村民が蜂起した事件、外国メディアを巻き込み、事実上、党書記から村の自治権を村民が奪った)の事後処理として、村民選挙で選ばれた村長を後付けに書記職に任ずるという汪洋の判断は、農村の草の根民主を肯定した英断として党内改革派の高い評価を得た。

このように汪洋は、若いころから苦労をものともせず真面目に仕事に取り組んできた姿勢や、率直であまり裏のない発言、また経済や政治に対する開明的な言動が好感を呼んで、党内でもかなりの人気者である。広東省委書記時代に彼と接した日本企業関係者もおおむね好感をもっており、汪洋を悪くいう日系駐在員はあまりいなかった。

第18回党大会（２０１２年）では、誰もが汪洋は政治局常務委員会入りすると思ったのだが、そうはならなかった。政治局メンバー選出は党代表による差額選挙によって行われるのだが、汪洋は劉雲山より得票数が多かったにもかかわらず政治局常務委員会入りならず、劉雲山が政治局常務委員会に入った。

非公式ながら関係者の間で流布《るふ》されている当時の得票数は習近平２３０６票（投票者数は２３０７票、習近平自身の一票を引いて全票当選）、李克強、張徳江《ちょうとくこう》、張高麗《ちょうこうれい》は２３０５票、兪《ゆ》声正《せいせい》２３００票、王岐山２２９９票、劉雲山２２９４票。以上が政治局常務委員会入りしたが、実は汪洋は２３００票、劉延東《りゅうえんとう》は２３０１票、李源潮《りげんちょう》は２２８７票だった。

つまり、投票数だけでいえば、汪洋と劉延東は王岐山や劉雲山の代わりに政治局常務委員会入りするはずであった。だが、そうならなかったのは、江沢民派のごり押しの結果であったといわれている。

汪洋は行政マンとして極めて有能であり、党内でも評価が高かったこと、共青団、改革派の旗手として党内改革派から期待されていたことがあだになって、保守的な江沢民派から排除されたかっこうだ。ちなみに劉延東が政治局常務委員会入りできなかったのは共青団派だから、というよりも女性であったという点が大きかろう。中国の政治は日本以上にガラスの天井が厚いと私は見ている。

共青団の切れ者・汪洋は隠れたスター

その汪洋が第19回党大会でようやく政治局常務委員会デビューした。しかも汪洋が、習近平派に鞍替えしたという噂も一時流れた。

汪洋は李克強と同い年であり、双方にライバル意識はあると思われるが、思想的には李克強と共通する共青団本流の改革派である。もともとリコノミクス（李克強が主導する経済政策、のちに雲散霧消）構想を手伝ったといわれ、李克強の最重要サポーターとみなされていた。

リコノミクスの骨子の「小政府、大社会」（政府の関与を少なくし、社会、市場に任せる）という考えは広東で先に汪洋が打ち出したものだ。習近平は、一切を党（政府）が仕切る大きな政府志向、党によるトップダウン方式の考えで、実は思想的には汪洋と真っ向から対立している。

たとえば2014年12月17～18日に米シカゴで行われた米中商業貿易合同委員会の席上で汪洋は「米中はグローバルなビジネスパートナーではあるが、世界を導いているのは米国である。米国は既に秩序とルールを主導している。中国はこの秩序に参加したい、規則を尊重したい」「中国には、アメリカの指導的地位に挑戦する考えもなければそのような能力もない」と発言している。

これは当時、米国への挑戦姿勢を強め米中二大国時代（G2）路線を打ち出していた習近平への強烈な皮肉ととらえられ、令計画が突然失脚したのは、この汪洋演説に習近平が怒り、汪洋含め共青団がかばい続けていた令計画の処分を腹いせに早めたからだ、という説も流れたくらいだ。

一方で習近平のほうが、共青団の切れ者、汪洋の有能さに着目して接近してきたといわれてもいる。実際、外遊に汪洋を伴うことは多く、2015年6月ごろから汪洋も習近平に対する挑発的態度を幾分引っ込め、また苦手な英語を週12時間勉強するようになったという。

英語を勉強する理由については、周囲に海外出張が増えたから、と説明し、普段の会話でも英語を交えるようになったとか。ある政治局会議では「両個相互不否定（左右、派閥を超えてお互いを否定せずに中央が団結すべきだ）」という意見提出を行ったこともあるとか。

決定的なのは2015年、汪洋が張高麗に代わって、13次五カ年計画の中心的役割を担うことを広東や安徽、重慶などの党ハイレベル幹部たちに向かって習近平みずから何度も強調したということだろう。2016年になると、習近平は汪洋を次期首相候補にするつもりだという観測が流れはじめた。このころから汪洋が同年齢の李克強をライバル視しているといった噂も流れ、汪洋は習近平派に寝返ったといった噂が広がった。

こういった噂について、ある共青団派に詳しい消息筋は、汪洋自身が保身のために流している噂ではないかと見ていた。汪洋は筋金入りの改革派であり、習近平とイデオロギー的には完全に対立する人物。

しかも、習近平の反汚職キャンペーンで失脚した朱明国ら広東省官僚は汪洋の子飼いの部下が多い。広東省で起きた数々の大型汚職摘発事件は一般に胡春華の足をすくうために習近平が仕掛けたといわれるが、本当のターゲットは汪洋ではなかったか、という見方もある。

さらにいえば、習近平に失脚させられた令計画は、汪洋にとって〝特別の友人〟であった。重慶時代も汪洋とともにあった朱明国、そして特別の友情で結ばれていた令計画は、汪洋の失脚の原因になりうる秘密も共有していたかもしれない。汪洋としては、習近平に表向きでもすり寄らざるを得ないが、だからといって習近平派に寝返ったと見るのは時期尚早である、という。

政治局常務委員会入りを果たした汪洋が、李克強や政治局内の胡春華ら共青団派と連携して政治局常務委員会の共青団派の発言力を強め、習近平の強人独裁を阻もうとするかもしれない。もっとも習近平も内心、汪洋の有能さを恐れているからこそ、全国政治協商会議主任という、あまり実権や影響力の大きくないポジションを用意したのかもしれない。改革派の隠れたスター官僚がどういう場面で、本音を見せ、本領を発揮するようになるかが、注目される。

新しい〝反腐敗キャンペーン〟主導者・趙楽際

中央規律検査委員会書記に新たに任命された趙楽際《ちょうがくさい》は〝偉大なるイエスマン〟、ごますり出世と揶揄《やゆ》される官僚である。

1957年、戸籍は陝西だが青海《せいかい》省西寧で生まれた。文化大革命時代は知識青年として青海省貴徳県の生産隊に下放された。その後、最後の工農兵大学生（毛沢東の推選入学）として1977年に北京大学哲学系に入学、1980年に卒業している。

卒業後は青海省で商業学校の教員を務め、商業庁の共青団委員会書記を務めた。順調に出世した趙楽際は1999年、青海省長になり当時最年少省長と話題になった。胡錦濤政権時代に、その能力を見いだされて出世コースに乗り、2003年に最年少で青海省委書記になり、2007年で陝西省委書記となる。胡錦濤の後押しで出世したという点では、共青団派ではあるのだが、彼の場合は、出身派閥以上に、習近平との個人的つながりが非常に強い。

趙楽際の祖父筋・趙寿山（建国後は青海省主席）が習仲勲と親友であり、習仲勲が毛沢東から反党的だとして攻撃されたとき、身を挺して毛沢東から習仲勲をかばったという逸話がある。以来、家族ぐるみの親交が続いている。だが、趙楽際自身は、開明派の祖父と違い、思想的には毛沢東の信奉者であり、共青団系でありながら、改革派とは程遠い。

たとえば陝西省委書記時代、習近平の父親である習仲勲の巨大墓所「習仲勲陵園」整備計画を打ち出したことが、2012年秋、習近平政権のスタートとともに政治局委員に抜擢された直接の原因だといわれているが、こうしたあからさまに権力におもねる行為が、その優秀さ以上に目立ち、ごますり男と揶揄されるようになった。ちなみに1960年生まれの弟の趙楽秦も習近平政権発足後に貴州省桂林市委書記に出世している。

趙楽際は習近平の下では中央組織部長として習近平人事を推し進めてきた。今回の政治局人事で習近平派を過半数押し込んだ手腕は、さぞ習近平を満足させたことだろう。ただ、スーパー実務家・王岐山と比較すると、どうしても能力差が目立つ。

第19回党大会が終わって間もなく、趙楽際率いる新しい中央規律検査委員会は中央官僚3人および省官僚27人をさっそく処分し、うち14人についてはこのほど初めて取り調べ対象として通報された。習近平政権2期目になっても反腐敗キャンペーンの勢いは衰えるどころか増している。

2018年3月には国家監察委員会という新たな汚職取り締まり機構を発足することが決まっており、中央規律検査委員会とあわせて党と国家の両方に汚職取り締まり機関を機能させる予定で、より広く党外も含めて徹底した汚職取り締まりを展開するつもりのようだ。

しかしながら、王岐山が第18回党大会閉幕後22日目で最初に仕留めた〝虎〟が、四川《しせん》省委副書記の李春城《りしゅんじょう》（当時中央委員会候補委員）で、後に周永康の失脚につながる人物であった大物であることを思えば、趙楽際の最初の獲物は〝小粒〟だと思われるだろう。

王岐山の仕事は、実際のところ、汚職退治というよりも、政治的野心と実力を備える政治家、官僚を失脚させる権力闘争であり、失敗すれば返り討ちにあいかねない、生きるか死ぬかの権力闘争であった。

王岐山は大虎を退治するときは、一切の動静を断ち、慎重に周到に準備して証拠固めをして、ターゲットを仕留めていったが、それでも判明しているだけでも27回の暗殺未遂にあった。王岐山が党ポスト引退後も一部香港報道にあるように国家副主席や国家監察委員会トップのようなポストにのこり長老として実権を持ち、趙楽際の仕事をサポートする可能性もあるが、それはそれとして、趙楽際にはさぞかし仕事がやりにくいことだろう。

なにより、趙楽際自身も汚職の噂が付きまとう。陝西省委書記時代に省委員会秘書長であった魏民洲（西安市委書記）の汚職事件に関与していた疑いがあるという。

2017年5月、魏民洲は汚職容疑で取り調べを受け、8月には党籍が剥奪され立件された。この事件に連座する形で西安市の高官が多数、失脚した。容疑は公金による宴会や、私営企業の接待旅行、賄賂を受けたこと、職権乱用などの一般的な汚職だが、省委員会ぐるみの広範囲の汚職であった。当然ながら当時の書記であった趙楽際が無関係とは誰も信じておらず、その前途は危ぶまれた。

この汚職疑惑から脱出できただけでも奇跡的なのに、政治局常務委員に出世し、なおかつ王岐山の後継として反腐敗キャンペーンの陣頭指揮に立つわけである。たとえば、江沢民ファミリーや曾慶紅ファミリーのような底力のある政敵を追い落とせと習近平に命ぜられたならば、彼にそれが全《まっと》うできるだろうか。

むしろ返り討ちにあいそうではないか。そのとき、重傷を負うのは当然、趙楽際一人というわけではなく、習近平の権力基盤も影響を受けると考えれば、趙楽際の働きぶりが、習近平政権2期目の権力基盤固めを左右することになる。

習近平のブレーン・王滬寧

政治局常務委員会メンバー・トップ7の序列5位、王滬寧《おうこねい》はダークホース中のダークホースであり、政治局常務委員会7人そろっての記者会見での落ち着きのなさを見れば、おそらく本人も、自分が最高指導部入りすることに違和感をもっているのだろうと思われる。

それもそのはずで、王滬寧はこれまでずっと政治哲学の研究室勤務、つまり象牙の塔から一歩も出たことのないような学者である。政治局常務委員会は8900万人の党員を擁する中国共産党と14億の人口を擁する中華人民共和国を運営する最高指導部、党と国家の最上部に君臨する権力者集団であり、当然のことながら超一級の実務能力、政治能力を必要とされる。

この実務能力、政治能力は省・自治区・直轄市という党委員会と行政単位を実際に運営することで培われる。このため政治局常務委員会入りは最低でも省・自治区・直轄市の書記を二ヵ所勤めあげねばならない、という暗黙のルールがあった。

陳敏爾が、習近平が是が非でも政治局常務委員会入りを願いながらも入れなかったのは、その二ヵ所ルールを満たしていなかったからだ。陳敏爾が貴州省委書記を務め、二ヵ所目の重慶市委書記に任命されたのは党大会3ヵ月前であり、これでは行政経験が不足だと判断されたのだ。

ではなぜ、王滬寧が政治局常務委員会入りできたのか。彼も、本来なら政治局常務委員会入りできる資格はない。彼の経歴からみれば、政治局常務委員会の外にいて、顧問として機能するのが普通なのだ。

彼が政治局常務委員会入りできたのは、ほかに誰を入れてももめるから、という理由にすぎないのではないか。あと、こうもりのように時の権力者になびく性格と、国家機密にかかわる内部情報を知る立場から、野放しにできない、という判断もあろう。

7人という奇数の政治局常務委員会で、習近平派3人、アンチ習近平派3人の組み分けになった残り1人を権力闘争に基本、無縁の学者である王滬寧にするのが、無難なバランス人事であったということだろう。

王滬寧自身の思想は「新権威主義」(中国の近代化には強人政治家による開発独裁が必要という思想)であり、共産主義体制に絶対の自信をもっているという点では、〝習近平思想〟そのものでもあるが、行政経験を積んでいない彼は、自分の派閥をもっていない。

権力闘争というのは一人で参加するものではなく、行政経験を積んでいる間にできた信頼できる部下、同僚らによって形成される人脈・派閥が政治局、中央委員会内で〝世論〟を形成し、対立することによって起きる。王滬寧のように自分の部下をもたない一匹狼は、権力闘争的には戦力外なのだ。王滬寧は、おそらく胡春華と陳敏爾が政治局常務委員会落ちした空席に、急遽押し込まれた格好であろう。実際に彼自身が、この苛烈な権力闘争の鬼の巣のような政治局常務委員会に望んで入ったとは思えない。

王滬寧の経歴をざっとさらってみよう。

１９５５年、上海生まれ。１９７４年上海師範大学（現華東師範大学）フランス語系に推薦入学した当時から上海社会科学院で研究活動に従事。１９７８年、大学統一試験復活後に受験しなおして復旦《ふくたん》大学国際政治系に研究生として入り法学修士号を取得。卒業後は復旦大学で国際政治の教鞭をとり、復旦大学法学院長にまでスピード出世した。

その間、米アイオワ大学、カリフォルニア大学バークレー分校に訪問学者として留学。共産党入党は１９８４年になってからだ。その時すでに、青年学者として学術界では名を成しており、当時の上海市委宣伝部がスカウトして第13回党大会（１９８７年）の重要理論文件起草メンバーに入れた。以降、共産党中央の政治理論構築に参与し続けている。

１９９５年、江沢民政権を支える呉邦国《ごほうこく》（当時の国家副首相）と曾慶紅（当時の中央弁公庁主任）に見いだされて中央入り。国家主席特別助理の身分で中央政策研究室政治グループ長に就任、その後、研究室副主任をへて２００２年に中央政策研究室主任となる。

この間、江沢民が打ち出した政治指導理論「三つの代表」論起草に直接参与した。その後、胡錦濤政権の「科学的発展観」、そして習近平の「中国の夢」「中華民族の偉大なる復興」に至るまで、ずっと中国共産党中央の指導理論構築に直接携わり、「三朝帝師（三代王朝の皇帝に仕えた師）」「中南海首席《ちゅうなんかい》ブレーン」といったあだ名もついている。

２００７年には中央書記処書記に当選。毛沢東思想理論家で有名な鄧力群《とうりきぐん》以来の理論家書記の登場と話題になった。２０１２年の習近平政権発足とともに政治局入りとなった。

王滬寧自身は新権威主義の論客として鮮烈な印象を与えているが、それはむしろ鄧小平路線に迎合したものであり、江沢民時代には江沢民の望むように、胡錦濤時代には胡錦濤が望むように理論構築してきた。

そして習近平時代の期待どおりの指導理論を起草し、そういう意味では、クライアントの要望に応じて自在に原稿が書け、印象的なスローガンが生み出せるスピーチライター、コピーライターともいえる。例えば資本家の入党を理論上認めた「三つの代表」と、〝習近平思想〟は路線として真逆であり、このことは王滬寧自身が時の政権の御用理論家であることの証左でもある。

王滬寧のもう一つの強みは国際政治への理解が深いことである。彼の最初の妻（社会科学院米国研究所研究員）は国家安全部の高官の娘であり、復旦大学教授の身分を隠れ蓑《みの》に対外情報収集・工作の特務を請け負っていたこともあるといわれている。

ちなみに2番目の妻は12歳年下の復旦大学の女子大生で、結婚後日本の東京大学に留学していたが、王滬寧経由で国家安全部から特務の密命を受けていたことが日本の公安当局にばれて、わずか8ヵ月で帰国した、という話を香港蘋果《ひんか》日報などが報じている。

なので、江沢民時代から、国家主席の外遊にたびたび随行し、外交ブレーンとしてもアドバイスを行ってきた。外交オンチとささやかれる習近平にとっても王滬寧は重要な外交アドバイザーであり、2013年6月の習近平の国家主席としての初訪米はじめ、たいていの外遊に同行。同年8月の空母・遼寧《りょうねい》の竣工式にも習近平と一緒に空母に乗艦している。

王滬寧がいないと、外国の指導者にどうこたえてよいか困るくらい、頼り切っているともいわれ、2017年4月のトランプとの初会談の席で、トランプがチョコレートケーキを食べながらシリア爆撃を習近平に告げたとき、習近平が「幼い子供や赤ん坊に対して化学兵器を使ったやつなら仕方がない」と、従来の共産党としての見解と違う答えをうっかり言ってしまったのは、たまたま王滬寧が席を外していたタイミングであったから、といわれている。

このように、権力闘争的には戦力外の王滬寧であるが、習近平への影響力という点においてはキーマンともいえる。ただ、学者的であり、わりと無神経な物言いをするので、一時習近平から不興を買うこともあったらしい。

地味で表舞台への露出も好まない王滬寧が今回、最高指導部入りし、しかも思想宣伝担当の中央精神文明建設指導委員会主任という重要ポジションについたことで、その影響力が広がるのかどうか、習近平の寵愛が続くのかどうか、やはり今後の5年の動きを見ていかねば、まだわからない。

上海閥の生き残り・韓正

序列7位の韓正《かんせい》は、唯一の上海閥として政治局常務委員会入りした。

しかしながら、習近平政権1期目の激しい反腐敗キャンペーンで、上海閥そのものが瓦解《がかい》しかけている中、一人トップセブンに上海閥が入ったところで、ほとんど権力闘争の派閥としての影響力を保つことはできないだろう。なので、むしろ韓正はアンチ習近平派閥というかたちで共青団派に加わる勢力と見たほうがよい。

習近平が上海市委書記のとき上海市長で部下と上司の関係であったが、このときの人間関係は決して良くない。そもそも韓正は、陳良宇《ちんりょうう》（当時の上海市委書記）が失脚したのち、上海閥でありながら団派・胡錦濤派からも信頼を得ていたために代理書記に任命されていた。それを江沢民派が巻き返しを狙って、書記に押し込んだのが習近平である。つまり韓正は、書記の座を習近平に横取りされたのである。

ただ、２０１５年秋、上海市副市長だった艾宝俊《あいほうしゅん》が汚職で失脚した前後から、韓正は保身のために習近平への忠誠を懸命にアピールし始めた。艾宝俊の失脚の背景は、江沢民との関係の深さであり、その意味で、忠実な江沢民派であり続けた韓正の立場も危ういといわれた。

しかし２０１５年10月の五中全会（第五回中央委員会全体会議）閉幕後の市の幹部会議で韓正は「これまでにあった非協力的部分を改善し、中央指導部が上海に託した重責をしっかりと果たす」と発言、習近平とは対立しないという敗北宣言を行い、その後は、聞いていて恥ずかしくなるような習近平へのごますり発言を繰り返し、ついには高速鉄道「和諧号」の名前を習近平のスローガンである「中華民族の偉大なる復興」からとった「復興号」に変えて、上海―北京線にデビューさせた。

しかし、そういう人物だから、習近平が心から信頼しているか、というとそうではなく、韓正自身もいつ何時、自分が反腐敗キャンペーンのターゲットになるかとずっと恐れていたことだろう。政治局常務委員会入りしたことで、なんとか、当面の失脚の危機は免れたとはいえ、韓正には上海時代に汚職の疑惑も根強くあり、それがいつ蒸し返されるか気が気ではないだろう。

今後は筆頭副首相という任務で経済政策を支えることになるが、習近平路線において経済に明るい見通しはなく、むしろ経済政策失敗の責任を問われかねない立場になるという意味では、本人はあまりこの出世を喜んでいないかもしれない。経済学修士の学位をもつエコノミストではあるが、経済センスや行政手腕についてはさほど評価は高くない。

２０１８年３月に常務副首相に就任すると予想されるが、山積みの経済問題をさばける能力はないと見られ、ひょっとすると汪洋が序列の慣例をやぶって副首相を継続する可能性も若干残っている。そうなると韓正は全国政治協商会議主席となるが、そのほうが韓正にとってはうれしかろう。

韓正の略歴を振り返ると１９５４年、上海生まれ。１９７５年、上海市徐滙《じょわい》区の倉庫管理員や販売の仕事から共青団入り。１９７９年に正式の共産党入り。復旦大学大専コース、華東師《かとうし》範大学夜学コースで学び、華東師範大学国際経済・世界経済専科で経済学修士の学位をとる。

当時上海市長であった汪道涵《おうどうかん》、朱鎔基に見いだされて、頭角をあらわしていく。江沢民政権時代の１９９１年には共青団上海市委書記にまで出世した。出身母体からいえば、根っこは共青団系でもあるが、その後の上海市における出世、上海市委常務委員会入りなどは江沢民の影響が強く、江沢民派とみなされてきた。

２００３年、48歳の若さで上海市長となり、２００６年に上海市委書記であった陳良宇が胡錦濤の策略によって失脚したあとは代理書記となって上海市の運営を任された。このとき、韓正も上海市委書記への出世を夢見たようだが、翌年、未来の指導者候補として習近平が上海市委書記の任につき、韓正としては内心面白くない結果となった。

韓正は人間的に温和で、派閥闘争にさほど積極的ではなく、習近平とも表面上はうまくやっていたという。だが、内心の不満は習近平に漏れ伝え聞こえることになり、何度か反腐敗キャンペーンのターゲットとしてその名前が取りざたされてきた。

単体では習近平の味方にも敵にもなりえない上海閥の生き残りにすぎないが、政治局常務委員会という集団指導体制において、権力闘争が本格化したとき、こうした背景に鑑みれば、彼は習近平の味方にはならず、旧出身母体である共青団派に寄ると私は思うのである。

第二章　共青団派胡春華vs.ごますり陳敏爾

習近平が最も恐れる男、共青団エース・胡春華

政治局常務委員会の顔ぶれは以上のとおりだが、習近平の独裁体制が決まるかどうかが第20回党大会（2022年）に持ち越されたという意味では、現政治局委員の若手政治家の動きが重要である。しかしながら、現政治局委員で若手と呼べる1960年代生まれは、胡春華《こしゅんか》（1963年生）、陳敏爾《ちんびんじ》（1960年生）、丁薛祥《ていせっしょう》（1962年生）の三人だけである。

このうち、共青団派の胡春華は、順当であれば第19回党大会で政治局常務委員会入りしてもおかしくないだけの行政経験と政治局委員としての経験を積んでいた。彼の政治局常務委員会入りを阻止したのは習近平である。この若く優秀な人間を政治局常務委員会入りさせると、自分に対する求心力が崩れると考えたのだ。

胡春華を政治局常務委員会入りさせるならば、習近平に従順な陳敏爾を胡春華よりも序列を上にして、後継者の地位を確実なものとしてでなければ認められない、そうごり押しをして結局、陳敏爾の政治局常務委員会入りが認められなかったことで、胡春華の昇進もなくなった。

しかし、胡春華は失脚したわけではなく、かたちとしては自ら政治局常務委員会入りを辞退したわけだ。党中央内には胡春華待望論は依然残っており、今後5年の間、習近平がなにがしかの失策で足元がゆらぐようなことがあれば、その党内に潜む待望論が一気に盛り上がる可能性もある。習近平が〝最も恐れる男〟であることに変化はない。

その胡春華とはどういう人物なのか。日本ではあまり知られることがないので、ここでふれておきたい。

極貧の大秀才

胡春華は1963年、湖北《こほく》省の五峰《ごほう》トウチャ族自治県の貧しい農村に、7人兄弟姉妹の4番目に生まれた。幼いころから神童といわれるほど頭がよく、貧しいながら両親は、家から6・5キロ離れた中学校への進学を許した。教科書を読みながら、徒歩で通学していたという。

1979年、16歳のとき、大学統一試験に地元一番の成績で北京大学中文系（国文学部に相当）に入学する。文革後の大学入試復活3回目の統一試験の湖北省における受験者は3万2000人余りで、そのトップであった。貧困農村の中学生が〝状元《じょうげん》〟（科挙試験のトップに対する称号）をとったということで、全県が震撼したとか。

胡春華

だが、胡春華の家庭は赤貧の農家、北京に上京しようにも靴もなければ、交通費もない。県文教局の役人が胡春華宅にやってきて、上京に必要な車賃、船賃、宿舎代は国家が出すといい、親戚たちも糧票《リャンピャオ》（食料引き換えの金券、当時は配給制）や学習に必要な文房具を送ってくれたが、それでも足りず、胡春華は秋の入学前の一ヵ月間、家族の負担を軽減するために水力発電所建設の工事現場でアルバイトをして100元あまりをためたという。胡春華はそれで靴を買い、北京に旅立った。

胡春華の優秀さはすぐさま全国で話題となり、しかも少数民族地域の貧困農村出身ということで、多くのメディアがこぞって取材した。「山家育ちの北京大学ライフ」といった見出しが立てられ、1983年20歳で卒業するときは、党内でもすでにちょっとした有名人であった。

当時の大学卒業生の就職先は党によって〝分配〟された。胡春華は在学中、共産主義青年団に入団し総支部副書記などを歴任。北京市トップ3に入る優秀学生であり、本来ならば出世コースに必ず乗る人材だ。だが、彼は分配調査(就職先希望調査)に、自ら自然環境が苛酷で学生たちが敬遠するチベット自治区で仕事をしたい、と書いた。

これは当時共産主義青年団として、優秀な団員こそ、あえて苦難の待ち構えるチベット自治区で自らを鍛錬してほしいと喧伝《けんでん》していたからで、つまり、こうした共青団の呼びかけに真っ先に呼応するようなピュアで志の高い共産党エリートだったのだ。このとき、共青団中央書記処書記で中華全国青年聯合会主席としてチベットへの志を若者に呼び掛けていたのは胡錦濤であったという。

1983年7月13日付の「人民日報」は、この胡春華のチベット志願について、「北京大学卒業生・胡春華、チベット行きを志願」という見出しで報じている。新華社電を掲載したものだが、中央メディアが一卒業生の就職について見出しをとって報じること自体がめずらしい。

同年7月9日付の「光明日報」は1500字あまりの胡春華の単独インタビューを一面トップに掲載。そこで胡春華はこう答えている。

「(チベット志願は衝動的に決めたのか？　という質問に)熟慮しました。衝動的に決めたのではありません。……私はチベット関連の新聞、書籍を読み、またチベットから来た同志にも話を聞き、チベットの状況の理解に努めました」

「国家にすれば、チベットだけでなく内地にも人材が必要でしょう。内地、特に大都市に有名大学があるのもそのためでしょう。どのような場所でも、私は四つの現代化のために自分ができる貢献を行い、責任感を体現することができます。国家の分配に従えば、必ずしも辺境の地、チベットに行かねばならないというわけではないでしょう。チベットに行くというのは、私個人の選択なのです」

「(一生チベットに骨をうずめるつもりか、という質問に)チベットで仕事をしたのち内地に戻るかどうかは、国家の政策が決めることです。チベットの条件は比較的悪く、おそらく内地では想像のつかない困難が待ち受けているでしょう。一部同志がチベットで仕事をしたあと内地に戻りたいと思うのは合理的で当たり前のことで、理解できます。彼らはチベットで仕事をしている間、チベット建設に一定の貢献をし、人々の尊敬を受けるべきです。彼らを非難するなどありえません。チベットで仕事をしたことがない人は、さらにチベットで働いた同志たちを非難することができません。私に関していえば、将来のことは未知数で、何も言えません」

「家族は私の決断を支持して、父は誇りだと言ってくれました。兄は、一度決断した以上、勇気をもって前進せよ、と励ましてくれました」

外地チベットへ志願

チベット地域は、新疆《しんきょう》地域と並んで、中国共産党にとっては建国後、軍事力によって支配した〝外地〟。過酷な自然環境と貧困、民族問題に揺れ続け、そこでの仕事はだれしも敬遠したいところだ。胡春華ほどの優秀さであれば、中央の安定した研究職に進むことも可能であったろう。

だが、彼は最も試練が多い道をあえて選ぶことこそ、共産党員、共産主義青年団員として国家と党への忠誠の表現だと思ったようだ。あるいは少数民族自治県で漢族として生まれ、貧困の中で育った経験が、貧困少数民族地域建設に参与したいという理想へ駆り立てたのかもしれない。

胡春華はチベットに旅立つ前、週に二度、中央民族学院でチベット語の補講を受け、また日々筋トレをして、過酷な高山地域の任務に備えたという。はったりや思い付きでチベット行きを志願したわけでなく、インタビューにあるように熟慮して、周到な準備をし、自分の能力がチベット建設に役立てるという自信ももっていたのだろう。

卒業式（教育部・中国共産党北京市委員会合同開催の1983年度卒業生大会）では、習仲勲、王震、姚依林、鄧力群、胡啓立《こけいりつ》、喬石《きょうせき》ら党の建国元老らが出席。卒業生代表としてあいさつする三人の一人に胡春華は選ばれた。

胡春華はこのとき次のように発言したという。

「中国は多民族国家であり、少数民族自治区は国土の60％を占めています。大部分が辺境にあります。私の故郷は内陸地域の少数民族地域でした。もし改革開放と現代化がここまで飛躍的に発展しなければ、私はいまだ湖北の山奥に閉じ込められ、田畑を耕していたことでしょう。漢民族だけが現代化しても、それは中華民族の現代化とはいえませんし、中国の現代化の実現とも言えません」

他にも当時、胡春華を取り上げた記事やインタビューはいくつもあるが、そこから垣間見える人となりは、清廉で理想家で自信家でしかも努力家で計画性と実行力があるという、まぶしいばかりのポジティブなものばかりだ。背後にはなんの権力の後押しもなく、その突出した優秀さと努力家ぶり、理想の高さから党内で注目と期待をよせられた人物であった。

胡錦濤を裏から支える

こうして胡春華はチベットに着任した。１９８３年8月23日に故郷の五峰県を出発して、列車とバスを乗り継いだ４０００キロの道のりを20日以上かけて移動し、着任日は9月13日だった。

胡春華は２００６年までチベットで勤務するのだが、その間、ほとんど故郷に帰らなかったという。共青団の組織部委員、西蔵青年報、西蔵飯店総経理などを経て共青団チベット自治区委員副書記となる。その翌年の1988年6月、胡錦濤がチベット自治区書記に就任するのである。

1988年、そして1989年はチベットの特筆すべき悲劇の年である。

1988年は2月、チベットの伝統宗教行事モンラム・チェンモ（11日間続く大祈禱法会《ほうえ》）の最終日、・人の僧侶の「チベットに自由を！」という呼びかけで始まったデモと武装警察の鎮圧、それに反抗する群衆の蜂起と鎮圧が繰り返されていた。この難局の収拾のため、甘粛《かんしゅく》、貴州の貧困省で行政手腕を見せていた胡錦濤が当時の総書記趙紫陽《ちょうしよう》の指名で送り込まれたのである。

当初、平和的対話による解決に積極的と見られていた胡錦濤だが、結果から言えば、チベット族説得に駆り出されたパンチェン・ラマ10世のシナリオを無視した演説、その直後の不審死、その死がきっかけで起きた大規模デモと、それを制圧するための戒厳令発令の全責任を胡錦濤が引き受けた。

親チベット派にすれば悪魔のような胡錦濤であったが、この重い責任のプレッシャーとチベットの高山特有の気候のせいで、胡錦濤の肉体と精神は極限状態だったという。実はこのときの胡錦濤の厳しく残酷な任務を精神的にも実務的にも支えたのが胡春華であった。

胡錦濤はラサにいるときは、毎夜のように胡春華を自室に呼んで懇談していたという。血なまぐさい任務の合間に、胡錦濤が好んで話題に選んだのは胡春華の大学での専門であった中国古典、漢詩のうんちくであった。理系出身のテクノクラートの胡錦濤は中国古典、文学に疎い。だが中国政治家のたしなみとして中国の古典文学、漢詩の素養は必須であった。

チベットの政治の現実の前に疲弊していた胡錦濤にとって、自分よりずっと年下の胡春華の夜ごとの漢文・古典講義は、唯一無二の息抜きの時間であっただろう。この時期に胡錦濤と胡春華は、普通の上司と部下を超えた兄弟のような信頼関係をはぐくんだといわれる。

２００６年の胡錦濤政権時代に、胡春華は未来の総書記後継者候補として期待されて中央に呼び戻される。共青団中央第一書記を経て、２００８年河北省省長候補として転出。２００９年正式に省長となった。この省長時代の「三鹿《サンルー》毒粉ミルク事件（窒素化合物が混入した粉ミルクで大勢の農村の赤ん坊に健康被害を出した事件。政府の隠蔽《ぺい》疑惑があり世論が政府批判に向かいかねなかった）」の処理でその手腕が評価され、その年のうちに内モンゴル自治区の書記に抜擢される。内モンゴル自治区での貧困対策や民族問題での手腕が評価され、２０１２年秋の第18回党大会で孫政才とともに最年少で中央政治局入りを果たすのだった。

こういった逸話から胡春華の人となりや行政手腕は推して測れるだろう。体力的にもタフで、能力があり、理想をもち、後ろ暗いところがなく、まっすぐな情熱を任務にそそぐ努力家。行政経験はみな貧困や民族問題などで揺れる不安定地域であったが、そこで成果をあげてきた。ときに非情な辣腕《らつわん》も振るえる決断力もある一方で、年上の胡錦濤にも、ものおじせずに講義をしたり、人の懐に入り込むこともできる〝甘え上手〟なところもある。

胡錦濤が秘蔵っ子としてずっと期待して目をかけていたこと、共青団全体で彼を支えてきたであろうことは、なんとなく納得がいくだろう。だが、習近平派にしてみれば、彼ほど実力のともなった恐るべきライバルはほかにいない。彼の周辺には美談は転がっているが、スキャンダルめいた話はほとんどない。

２０１２年の第18回党大会で、胡春華は初めて貧困地域でも不安定地域でもない豊かな広東省の書記に任命された。広東省の前任者は同じ共青団派の兄貴分に当たる汪洋である。汪洋も胡錦濤の信任が厚く、二代続けて広東省委書記には共青団派が就いた。

だが、習近平としてはここで胡春華の輝かしい経歴になんとしてもミソをつけておきたいところだった。経済的に豊かな広東省は伝統的に汚職、腐敗も激しい。習近平は反腐敗キャンペーンを広東省で集中的に摘発することで、胡春華の足元を揺るがそうと画策する。

習近平は胡春華をつぶせなかった

胡春華が広東省委書記となったあと、あきらかに習近平派によって権力闘争を仕掛けられたとみられる事件が広東省で何度も起きた。

その代表的な事件は、２０１４年2月に突如実施された「東莞《とうかん》性風俗一斉摘発キャンペーン」だった。珠江《じゅこう》デルタに位置する東莞は、「性都」と呼ばれる中国の一大売春性風俗産業地帯だ。このとき、地元警察は性風俗産業を牛耳るマフィアと癒着しているということでわざわざ中央から公安チームを送り込んで徹底摘発を行った。

東莞の売春摘発はこれまでもたびたび行われていたが、それは予定調和的な行事のような摘発であり、摘発期間がすめば再び、「小姐」と呼ばれる売春婦たちは復職していたが、今回の摘発は徹底的であり、このときつぶれた性風俗産業規模は、東莞のGDPの10分の1にあたる500億元に相当すると報じられた。

規模からも、中央の直接指示で行われた形態からも、これが単純な風俗摘発、風紀引き締めでなく、権力闘争が絡むことは瞭然だった。一般には、東莞の風俗産業を牛耳っていた太子酒店オーナーの梁耀輝《りょうようき》（当時は全人代代表、中源石油の創設者、この摘発で失脚、無期懲役で服役中）は、すでに習近平によって失脚させられていた周永康（元中央政法委員会書記、公安権力のトップ）に通じる石油閥に属しており、周永康残党一掃の文脈で受け取られている。だが、東莞市の税収を直撃し、広東省委書記の胡春華も、足元で風俗と公安汚職を許していた責任を問われかねない事件でもあった。

当時の香港紙「蘋果日報」は「東莞でポルノの氾濫を許していたというスキャンダルの影響は胡春華の前途に影を落とす」「これは習近平による胡春華つぶしの行動だ」と分析。CCTVも2月9日の最初の報道で、「もし上層部がこの事態を黙認していなかったら、東莞市公安がこれほど風俗を野放しにすることはありえなかった」と論評し、暗に広東省委書記の胡春華を批判する文脈で報じていた。

だが結果から言えば、胡春華はこの事件をうまくしのいだ。中央にいる同じ団派の李克強（首相）がいち早く、この摘発の動きを察知し、胡春華に伝えたことで、2月9日に一斉摘発行動が始まる前に胡春華サイドは対応を準備することができた。

胡春華は広東省としてポルノ一掃を積極的に推進していく方針を間髪入れずに宣伝し、2月28日までに、広東省全省の売春拠点3184件（うち東莞市2147件）の摘発を発表。むしろ胡春華がいかにも陣頭指揮をとっているような印象を与えることに成功した。

さらに李克強の指示で、浙江《せっこう》、江蘇《こうそ》、黒竜江、湖南《こなん》など全国各地の共青団人脈を通じて各地で「風俗一掃」キャンペーンを起こした。こうすると、「風俗氾濫、風俗見逃し」問題は広東省特有のものではなく、全国各地で深刻であるという印象を与えることができる。胡春華だけが責任を問われる問題ではない。つまり、共青団が一丸となって胡春華を守ったのだ。

習近平の最大の妨害工作

同じような胡春華の揚げ足取りはその後、何度も続く。広州市委書記の万慶良の失脚（2014年6月）もそうだ。万慶良は汪洋にかわいがられた共青団派であった。万慶良は6月27日、省の会議において発言しようとして挙手したが、胡春華に婉曲に拒否されて、その直後、乗り込んできた中央規律検査委員会メンバーに「双規（党内取り調べのための身柄拘束）」を宣告され連れ去られたという。

このとき、万慶良が助けを求めるように胡春華を見つめたというが、要するに万慶良は胡春華を味方だと思っていたのだ。習近平サイドの思惑から言えば、胡春華を動揺させるつもりの日の前の万慶良電撃拘束の予定だったが、胡春華は事前にこのことを知って心づもりをしていた。

李克強、汪洋を中心とする中央の共青団情報網がいち早く中央規律検査委の動きを察知し、胡春華に対応策をとらせる。時に、同じ共青団派の仲間を犠牲にすることも胡春華を守るためならばやむなしとの判断もあった。

習近平の胡春華に対する妨害工作の最大のものは、やはり2016年6月の烏坎《うかん》村事件だろう。烏坎村とは広東省汕尾《さんび》市に位置する農村で、2011年から12年にかけて〝烏坎の乱〟と呼ばれた村民のデモによって自治を勝ち取り、旧共産党支部書記を追い出したことで、「草の根民主のモデル」とも言われた。

この烏坎の乱は、農村でよくある書記による農地強制収用と不動産開発汚職の問題に、村民がデモで抗議したのを書記側は公安の武力によって鎮圧しようとしたのがきっかけだった。村の若者たちがネットでこの抗議と鎮圧の光景を動画で発信。国際社会の応援もあって村民が勝利した。

特筆すべきはその後で、当時の広東省委書記の汪洋が最終的には村民の意見を聞いたうえで、村民の選んだ自治組織、村民委員会を正式なものとして認め、村長を書記職に任命した。最終的に汪洋の決断がこの「草の根民主のモデル村」を生んだということで、烏坎村は「汪洋の遺産」ともよばれた。

ところが、この村民が選挙で選んだ村長にして村支部書記の林祖恋が2016年6月18日未明、突如、〝汚職容疑〟で拘束された。前夜に大量の警察が村になだれ込み、道路封鎖をしたうえで、林祖恋の友人に「携帯電話を忘れた」と言わせて、林家の玄関を開けさせ、着替える猶予も与えずに、ランニングシャツ一枚の格好のまま彼を連行していったという。

翌日の新聞で、地元の地方検察院が林祖恋を汚職・収賄罪で立件したことが発表された。また地元公安当局は、現在、彼を取り調べ中であり、村民全員が捜査に協力するようにと呼びかけたうえ、「不穏分子が、この事件を利用して過激な行動をとらないように。暴力沙汰が起これば、法に基づいて鎮圧する」と警告を発した。

その警告どおり、村のいたるところに、重装備の警察の暴動鎮圧部隊が配置され厳戒態勢が敷かれた。これに驚いた村民は19日、村長の冤罪を信じて抗議デモを行った。

このデモは3000人規模に膨らみ、「われらの土地を返せ！　村長を返せ！」と叫びながら、重装備の警官隊と対峙《たいじ》した。この様子はビデオに撮影され、ネットにアップされたものだから、香港、海外メディアも続々と現地入りして取材するようになった。警官隊は記者たちを追い出そうとしたが、村民は記者たちを保護し、取材させた。

5年前にこの村が自治を勝ち取ったのと同じ戦略で、村長不在のまま村民の抵抗運動が始まった。デモは連日、繰り返された。村民たちは、訪れる記者たちに口々に「村長は我々が選んだよい村長だ。汚職などするわけがない」と冤罪を主張した。

この事態は、胡春華にとって最大の危機といってもよかった。万が一にもこの抵抗運動が広がってしまえば、広東省委書記としての統治能力が問われる。かといって、汪洋の遺産とよばれ、国際的にも知名度が高くなった草の根民主の村を武力鎮圧すれば、将来、国家指導者になるやもしれない胡春華のイメージは大きく損なわれる。汪洋の判断が間違っていたということにもなり、身内批判とも受け取られかねない。

２０１６年９月13日、事件発生から80日あまりの逡巡をへて、胡春華は烏坎村のデモ鎮圧の命令を下した。３０００人余りの防暴警察が派遣され、ゴム弾、催涙弾などを容赦なく丸腰の村民に発射し、約１０００人を拘束、７人が逮捕され、数十人が入院する負傷を負った。村民は「旧日本軍よりも悪辣」と胡春華を批判した。

この烏坎村デモ鎮圧によって、胡春華は民主活動家の間では極悪人のレッテルを張られた。烏坎村の前副村長の荘烈宏は国連に対し手紙を送り、胡春華を村民デモ鎮圧の責任者として告発している。

胡春華は共青団派であり、共青団派には、共産党史上もっとも開明的な指導者であったといわれる胡耀邦のイメージがついているため、党内の共青団派支持者には開明派、改革派が多いのだが、この烏坎村デモの武力鎮圧は、そうした党内開明派、改革派からの支持離れにつながる可能性もあったし、将来総書記あるいは首相のような要職についたとき、国際社会から批判的にみられることにもなりかねない。

だが、習近平との党内権力闘争においてはこの決断は致し方ない面もあった。この烏坎村のデモ弾圧後、習近平は胡春華への攻撃の手を緩めた。

胡春華は2017年4月6、7日に烏坎村を書記としてはじめて現地視察した。これをもって、胡春華は烏坎村事件という習近平からの〝難題〟を処理できたことを知らしめた。胡春華はとりあえず習近平のしかけてきた陰険な暗闘を勝ち抜いたということになる。

習近平から胡春華への「重要指示」

その後の4月12日の広東省機関紙南方日報紙上で、習近平が広東省の任務に対して「重要指示」を出したことが報じられた。習近平は広東省に対しサプライサイドの改革などの任務上、〝四つの堅持（党の指導、中国の特色ある社会主義、新しい発展理念、改革開放の堅持）、三つの支持（サプライサイドの構造改革、イノベーション駆動の発展戦略、開放型経済の新体制に対する支持）、二つの率先（全面的な小康社会、社会主義現代化建設における新しいプロセスを率先）〟を遂行するように望んでいる、という。さらに、習近平は第18回党大会（2012年）以来の広東省の各任務については〝十分肯定できる〟と高い評価を与えた、という。

総書記から省の書記に対して「重要指示」を直接与えられることは極めてまれである。しかも名指しで2012年以来の広東省（胡春華）の行ってきた仕事について、肯定するとは破格の扱いである。多くの国内外の中国政治ウォッチャーたちは、これをもって胡春華の第19回党大会での政治局常務委員会入りは確実ではないか、と分析した。

ただ、烏坎村鎮圧のように、習近平好みの力ずくの問題処理をやってみせたことで、習近平が胡春華を気に入ったのだとか、胡春華が共青団派から習近平派に寝返ったのだとか、そういう見方には私は同意しない。

むしろ、この5年にわたる胡春華の権力闘争のしのぎ方は、習近平をさらに恐れさせたのではないか、という気がする。胡春華は他の政治家とちがって、頭髪を黒く染めていない。一般に出世欲のある政治家は頭髪を黒く染めて、若さと精力旺盛であることをアピールするのだ。なので、胡春華はさほど出世欲のない地味な秀才官僚政治家だと見る向きもあった。

だが、この5年間の老獪《ろうかい》なまでの権力暗闘のしのぎ方や、烏坎村の苛烈な決断をみるに、意外に強い出世欲とそれに伴う実力を隠し持っているのではないか。

習近平もそれに気づいたので、なんとしても胡春華の政治局常務委員会入りを妨害した。慎重で頭のよい胡春華は、自ら政治局常務委員会入りを健康上の理由で辞退するわけだが、それは出世をあきらめたわけではないと思う。なぜなら、共青団ホープ胡春華が権力をとらなければ、共青団派が習近平によって解体される可能性があるからだ。

共青団解体作戦

習近平は２０１６年ごろから、共青団の解体にむけてあからさまな圧力をかけはじめていた。

2016年4月、党中央規律検査委員会は公開で、共青団がシステム化、官僚化、貴族化、娯楽化していると批判し、同年8月に「共青団中央改革法案」の実施を発表して、共青団幹部のリストラ、整頓に着手した。

これに伴い、共青団書記処の周長奎ら幹部が国務院の下部機関や地方の専門業種に格下げ異動となった。さらに、北京にある共青団の教育機関・中国青年政治学院の本科生募集を停止し、社会科学院大学と合併されるかたちになった。

2017年9月10日に出版された『習近平の青少年と共青団の工作についての論述集』では、習近平の共青団に対する不満、批判がこれでもかと盛り込まれている。

この論述集は習近平政権5年間の共青団に関する講演、発言などをまとめたもので、一部は初めて公にされた内容も含まれる。この中で習近平は共青団のことを、「形骸化している」「スローガンを無駄に叫ぶだけ」などと批判している。2015年7月に共産党史上初めて、党中央が共青団や婦女連合会、紅十字会（赤十字）などの各共産党機関を招集して開催した「党の軍団国策会議」上で、習近平が共青団を「いかなる機能も発揮できない四肢マヒ状態」などと激しい文言で非難していることもこの論述集で明らかにされた。

また習近平は一部共青団幹部に対しても、「科学についても話ができない、文芸についても話ができない、仕事についてもダメ、生活も正しくない、官僚的な発言を繰り返すだけだ」などと批判している。同年9月6日に発表された党大会参加の党代表名簿から共青団第一書記の秦宜智が落選したことも、9月19日に、国家質量監督検査検疫総局副局長に任命され、共青団第一書記の任を解かれたことも、事実上の更迭《こうてつ》で、共青団第一書記の地位に対する格下げ宣言とみられている。

従来、共青団第一書記といえば、地方行政トップの経験を優先的に積まされ、胡錦濤や李克強や胡春華のように、党中央政治局入りし、指導者候補となるほどのエリートコースだった。

習近平の学歴コンプレックス

この一連の共青団つぶしについて、習近平擁護のとある中国人学者は「共青団は歴史的使命を終えたと、習近平は考えているのです」と肯定的にみていた。つまり共青団は、文化大革命によって大学入試が10年も中止されたことによる中国政治の深刻なエリート人材不足を解消するための応急処置として胡耀邦が作った若手エリート養成システムであり、すでに文革による知識エリート不足は完全に解消された今、共青団の使命も終わった、と習近平は考えているというのだ。だから共青団解体は必然である、と。

だが、私は習近平の共青団つぶしの本当の目的は、共青団が習近平の野望である個人独裁体制確立の最大の妨害勢力であるとみているからだと思う。９０００万人の団員を擁し、優秀な人材をシステムとして政治の現場に送り込み続ける共青団は政治派閥としてはやがて最大勢力になる。しかも政治思想的には、開明派政治家・胡耀邦の薫陶を受け、どちらかというと改革派が多く、知識エリートに対する迫害であった文革の歴史を否定するところからスタートしており、毛沢東チルドレンである習近平世代と思想的に相いれないところがある。

しかも、習近平はかなりの学歴コンプレックスであるとみられる。文革末期の1975年に清華大学に、太子党の特権として高下駄を履かせてもらって推選入学した習近平からすれば、実力で激しい競争を勝ち抜いて名門校を卒業して政界に入ってくる若手は、自らの権力の座をいつでも奪いかねない予備軍にみえて、安心できないのだ。

毛沢東がそのコンプレックスから、知識エリート層への弾圧・迫害を繰り返したように、習近平の共青団つぶしも、そのコンプレックスが背景にあると、私には思える。

そういうわけで、共青団エース・胡春華が習近平に代わって権力トップに就くかいなかは、共青団派全体の命運もかかっている。胡春華自身、共青団システムによって貧困農村のどん底から共産党中央指導部に上り詰めることがかなったことを考えると、いまさら自分ひとりの都合で権力闘争のリングから降りることは許されない。

広東省委書記は習近平の子飼い部下の李希が就任し、11月中旬の段階で胡春華の次の職位はまだ決定していない。中央弁公庁主任は習近平に忠実な丁薛祥、人事担当の中央組織部長は陳希、と党中央のめぼしいポストは習近平派が占めているので、胡春華は副首相職ぐらいだろうか。習近平としても胡春華を相当警戒していることがうかがえる。今後5年の間に、胡春華 vs. 習近平の権力闘争はやはり続き、その決着は第20回党大会にまでもつれる可能性が強いだろう。

習近平が最も期待を寄せる〝之江新軍〟エース、陳敏爾の実力

党大会前に重慶市委書記の孫政才《そんせいさい》が失脚させられた。孫政才は胡春華とともに、次期後継者候補として胡錦濤政権が大事に育成していた若手官僚政治家だ。胡春華と同じ1963年生まれで、ともに第18期政治局入りを果たしていた。

この孫政才を2017年7月、習近平政権はかなり強引な手法で失脚させ、その後任として習近平が自身の後継者として強く推す陳敏爾を重慶市委書記につけた。孫政才の失脚理由は汚職とも、重慶市委書記として薄熙来（元重慶市委書記、失脚し服役中）の〝遺毒〟を取り除けなかった行政手腕不足ともいわれたが、いずれにしても現役政治局委員が失脚させられ、党籍まで剝奪される理由としては、説得力不足であった。

ようするに習近平は、将来を国家指導者の器として期待されている胡春華と孫政才を失脚させたかった。なぜなら二人とも胡錦濤に見いだされた共青団派の若手エリートであり、習近平にとっては自分の権力の座を脅かす存在であったからだ。胡春華は前述のように、失脚させることはかなわなかったが、孫政才はぎりぎり党大会前に失脚させることがかなった。

このように明らかに周囲が鼻白むほどの強引なやり方で孫政才を失脚させてまで、急いで出世させたがった習近平お気に入りの陳敏爾《ちんびんじ》が、最終的に胡春華と対決する習近平の権力闘争の重要な手ごまであるとみられる。その陳敏爾とはいかなる人物だろうか。

政治経験は驚くほど浅い男

陳敏爾は1960年生まれの浙江省出身で、胡春華よりも三つ年上だが、政治家としての行政経験は胡春華の対抗馬とすること自体がおかしいほど浅い。しかも、その人となり、性格への評価は、孫政才への同情もあって総じて悪い。

紹興師範専科学校中文科を卒業後、中央党校に研究生として在籍後、1987年に浙江省紹興市宣伝部に配属。1982年から党員である。

彼は地元浙江省の地方宣伝部畑という比較的ぬくぬくとした場所に長らくいた。2000年1月に浙江日報（浙江省委員会の機関紙）社長に就任。浙江日報の機構改革を全国に先駆けて行い浙江日報報業集団を設立した。

このころの浙江省委書記は上海閥で江沢民の信頼を得ていた張徳江。上海や浙江省を含む長江デルタ地域は、江沢民政権下で集中的に外国投資が誘導され、ある意味大した行政努力がなくとも自然にGDPはうなぎのぼりというおいしい勤務地であった。この浙江日報での機構改革で評価を得て陳敏爾が浙江省宣伝部長（浙江省委常務委）に出世した2002年、習近平が浙江省の書記に就任する。

当時の習近平周辺筋によると、福建《ふっけん》省省長から浙江省委書記への〝大出世〟を決めたのは、当時江沢民の懐刀として党の人事を仕切っていた曾慶紅であったという。曾慶紅は習近平に次期指導者ポストをめぐる権力闘争に参画することを言い含めて、この人事内定を伝えたらしい。

これを受けて、習近平は「浙江省委書記のポストで、私の政治生命は終わるやもしれない」と弱気な発言をもらしていた、と聞く。父親・習仲勲が文化大革命という大衆動員を伴った大権力闘争に敗れて長らく獄中にあったのを見てきた習近平は、中国の権力闘争の苛烈さ恐ろしさを十分に認識していたということがこのエピソードから感じられる。

渾身のごますり

この弱気に陥っていた習近平を力づけたのが、当時宣伝部長であった陳敏爾であった。宣伝部長とはプロパガンダを担う仕事であるが、陳敏爾は党の礼賛以上に習近平礼賛に力をいれた。今思えば、習近平が総書記ポスト争いに確実に絡むと見越したうえでの、渾身のごますりともいえる。

陳敏爾

陳敏爾の力もあって、習近平は浙江省において、自己宣伝のノウハウを蓄積する。習近平自身が古典好きということもあって２００３年２月から２００７年３月まで浙江日報上で習近平自身の連載コラム欄「之《し》江《こう》新語」を掲載。古典を絡めながら党員や官僚としての姿勢、あるべき姿、理念を説いた２３２編が発表され、後に書籍化された。これはペンネーム哲欣を使っていたが、習近平が自分の理念などを発信していることは周知されており、浙江省における官僚たちが、みなこの連載、書籍を称賛したことは、習近平の自信につながった。

このコラムに薫陶を受けた、習近平の取り巻きたちの浙江省出身官僚は、のちに習近平が総書記になった段階で次々と出世し、新しい習近平閥を形成しつつある。その習近平閥はコラムのタイトルをとって"之《し》江新軍《こうしんぐん》"とよばれた。

メンバーは陳敏爾を筆頭に、蔡奇（北京市委書記）、黄坤明（党中央宣伝部長）、応勇（上海市長）、鍾紹軍（中央軍事委員会弁公室主任）、夏宝龍（全人代環境資源保護委員会副主任）、李強（上海市委書記）、舒国増（中央規律検査委員会駐中央弁公室規律検査組長）、楼陽生（山西省長）、バヤンチョル（吉林省委書記）といった面々だ。

ちなみに習近平が上海市委書記時代の部下たちが形成する派閥は、浦《ほ》江旧部《こうきゅうぶ》とよばれ、楊暁渡（中央規律検査委員会副書記中央紀検委監察部機関党委員会書記）、陳豪（雲南省委書記）、丁薛祥（中央弁公庁主任、習近平弁公室主任）、徐麟（国家インターネット情報弁公室主任）らである。

習近平の福建省時代の部下による派閥は閩江旧部《びんこうきゅうぶ》と呼ばれ、何立峰（国家発展改革委員会主任）、劉賜貴（海南省委書記）、鄧衛平（中央規律検査委員会駐公安部規律検査組長）、王小洪（公安副部長）らだ。

ヒラ党員の露骨な実績づくり

陳敏爾に話を戻すと、習近平が総書記後継レースでの勝ちが確定した後の2012年2月、浙江省副省長から貴州省委副書記に異動し、その年に習近平の総書記就任と同じタイミングで中央委員会入りを果たした。それまで、陳敏爾はヒラの党員だったのだ。共産党は下部組織は上部組織に絶対従うという厳格なヒエラルキー構造で成り立っており、最高指導部とよばれる政治局常務委員会（7人）を頂点に、政治局（25人）、中央委員会（現在204人）という階層にわかれる。中央委員会以下はヒラ党員だ。2013年1月をもって貴州省長となり、2015年7月、貴州省委書記に急出世する。

貴州省は中国でも屈指の貧困省であり、多民族地域ということもあって、本来ならば生半可な行政手腕では書記は務まらない地域である。逆にいえば貴州省や河北省、河南省、内モンゴル自治区、チベット自治区、新疆ウイグル自治区などで行政結果が出せれば、実力があると評価される。

陳敏爾を浙江省というぬくぬくした省からいきなり貴州という貧困地域に放り込んだのは、習近平なりに、今までヒラ党員であった陳敏爾を急激に出世させても文句を言われないように、実績のアリバイを創るためだったと思われる。

胡錦濤時代の腐敗が習慣化

陳敏爾の貴州省転出の背景には、もう一つの要因がある。陳敏爾と胡錦濤の関係だ。ごますりだけで出世してきたような男、陳敏爾は浙江省時代、時の政権であった胡錦濤に対しても配慮を忘れなかった。胡錦濤の息子・胡海峰《こかいほう》が清華大学長江デルタ研究院の書記になることができたのは、陳敏爾の貢献も大きかったのだ。

胡錦濤は当初、胡海峰を政治家にするつもりで、2005年、東北振興戦略をうちだした機会に、遼寧省瀋陽《しんよう》市経貿委員会の副主任職につける。ちょうど腹心の李克強が遼寧省委書記なので面倒を見てもらうつもりだった。だが東北の経済状況は甘くなく、大量の企業の倒産に次々と発覚する高官汚職の問題など、温室育ちの胡海峰の手にあまる現場であった。

李克強も自分の仕事で手いっぱいで面倒を見きれない。下手をすれば汚職事件の流れ弾にあたりかねない。そこで、早々に瀋陽から引き揚げさせるのだが、すっかり自信をなくした胡海峰に地方行政の仕事は無理だと胡錦濤は判断し、監視カメラ大手の威視集団の幹部職に放り込む。政治家をあきらめてビジネスマンにすることにしたわけだ。

胡錦濤の息子を受け入れた威視集団は、みるみる間に業績を伸ばし最大手企業に成長するのだが、それは胡錦濤政権が北京五輪向けの警備強化の空港用安全検査システムなどの入札を威視集団に独占させるといった、〝えこひいき〟があったからだ。

しかし、こうした腐敗が習慣化してしまった威視集団の汚職問題が表面化するのは時間の問題だった。ナミビア政府から受注した空港安全検査システムプロジェクトに深刻な不正と汚職があり、それがナミビアの汚職捜査当局に暴かれてしまった。このプロジェクトは胡錦濤のナミビア訪問時に合意されたもので、ナミビアの威視集団の汚職問題は胡海峰の進退どころか胡錦濤の江沢民派との権力闘争にも深刻な影響を与えそうな事態だった。

これを防ぐために、胡海峰を急いで威視集団から切り離したはいいが、問題はその後だ。胡錦濤は腹心の令計画に胡海峰の今後を相談。令計画は、「政治家にも企業家にも向かないならば、もう学者にするしかない」と提言。そして、令計画が慎重に胡海峰の受け入れ先をリサーチする中で、目に留まったのが、当時浙江省副省長で浙江省行政管理学院長を兼務していた陳敏爾である。

令計画自らが杭州に飛び、陳敏爾に胡海峰の受け入れを相談した。陳敏爾は総書記の名代《みょうだい》が自分を訪ねてきたことに非常に興奮。このとき、清華大学長江デルタ研究院に胡海峰をトップとして迎え入れる提案をした。この研究院は清華卒業生の習近平が浙江省委書記時代の2003年に、市場経済社会主義の新しいモデルを研究し長江デルタ経済圏にフィードバックさせるという目的で創設した。陳敏爾の橋渡しで、胡海峰は2010年、この研究院の書記に無事就任した。

胡錦濤の親バカぶり

胡錦濤はこの陳敏爾の恩に報いるため、２０１２年に陳敏爾が貴州省に転出するのを後押ししたのだった。

振り返れば、胡錦濤の親ばかぶりが、うっかり陳敏爾を出世街道ばく進コースにのせてしまい、胡錦濤自身が手塩にかけて育てていた共青団派のエース・胡春華の最も手ごわいライバルを創ってしまったことになる。

陳敏爾は２０１５年、貴州省のＧＤＰが初めて1兆元の大台にのるという快挙を果たした。さらに２０１６年、これまで全31省自治区直轄市の中でずっと最低でありつづけた一人当たりＧＤＰがビリを脱出、後ろから３番目にまで上昇した。この貴州省の経済成長、貧困省脱出の快挙は陳敏爾の手柄となった。

しかしながら、この快挙が、陳敏爾だけの実力かというと、そうはいえず、結局のところ２０１２年12月、習近平政権発足後に、貴州省省都の貴陽《きよう》をビッグデータセンターに指定したことをうけての箱物建設、企業誘致の結果のＧＤＰ上昇である。つまり、習近平が陳敏爾を出世させるために仕組んだともいえる。

２０１４年に国家級経済特区として貴安新区（貴陽市と安順《あんじゅん》市にまたがる地域）を新設、２

015年には「ビッグデータ交易所」が開設され、企業の持つデータを売買する世界初のプラットフォームと喧伝された。

すでに300万社が登録しており、2020年には中国のビッグデータ市場は2017年現在の3倍にあたる1兆元規模を超える見込みとか。ビッグデータ市場創設は習近平政権の肝いり経済戦略とみるからこそ、中国の代表的IT企業だけでなく、世界中のIT企業が集まってくるわけで、こうなると陳敏爾の手腕などあまり関係ない。

ただ中国全体で製造業の撤退ラッシュが始まる一方で、世界最大のインターネットユーザー7億数千万人を抱える中国のビッグデータ市場に引き寄せられた世界中のIT企業が貴安新区に集まってくる様子は、あたかも貴州省の指導者・陳敏爾の手腕が特別であるかのような印象を与えるに十分ではあった。

「人間の屑」の陰口が

こうして習近平政権は陳敏爾にかなりゲタを履かせたうえ、しかも孫政才をタイミングよく失脚させることで、うまく重慶市委書記のポストに党大会前に押し込むことができた。

一般に政治局メンバー入りには31省自治区直轄市のうち最低二ヵ所で書記を務めることが必須条件だが、直轄市委書記経験者はほぼもれなく政治局入りが約束される。これで陳敏爾は第19回党大会で政治局入りする必要十分条件が整ったことになる。さすがに政治局委員を飛び越えて政治局常務委員会入りするごり押し人事は失敗したが、第20回党大会までに、陳敏爾が胡春華と同じスタートラインにたてるお膳立ては整った。

習近平は第20回党大会で任期3期目の総書記、そして国家主席を継続し、あるいは党主席制度を復活させて、終身最高権力の座にあった毛沢東のような存在になろうという野望を抱えているが、たとえそれが無理となっても、陳敏爾が総書記であれば、鄧小平のように院政を敷いて、陳敏爾を操って権力の実権を握り続けることができる。

このように習近平が自分の後継者として、胡春華の対抗馬として鋭意育成中の陳敏爾だが、その人となり、性格は「人間の屑」と陰口をたたかれるほど悪いらしい。その根拠になっているのが、自分の保身、出世のために実の娘に堕胎を強制した、というエピソードである。陳敏爾の娘は、陳敏爾の元上司で深い恩義があった斯鑫良（元浙江省宣伝部長）の息子と結婚していた。

だが、2015年6月、斯鑫良が令計画（胡錦濤の側近だったが、2014年暮れに失脚）事件に連座する形で失脚すると、娘を離縁させた。このとき陳敏爾の娘は妊娠していたが無理やり堕胎させられ、娘は精神を病んだとか。かつての恩人を、自分の出世の障害になりかねないと判断するや見捨て、娘も孫も犠牲にできる〝出世欲〟の塊、という陰口は、党内であっという間に広まった。

さて、行政経験もさしてなく、保身のために家族の犠牲もいとわない冷酷な性格で、おべっか使いで出世したと党内でも陰口をたたかれる陳敏爾が、習近平の後押しで、胡春華を抑えて後継者の地位を確立できるか。次の5年の権力闘争の一つの見どころでもある。

最弱の首相・李克強

現政治局常務委員会メンバーのなかで習近平とともに定年にひっかからず残留した李克強《りこっきょう》は、あまりに影が薄いのだが、今後の5年の習近平の権力固めの行方を左右するキーマンの一人であることは間違いない。一時は引退説も流れたのは、その健康と精神状態がかなり追いつめられていたとみられるからだ。

仄聞するところでは、もともと虚弱で、持病の糖尿病が相当悪いらしい。また肝臓と肺にも疾患があるらしい。しかし、第20回党大会を迎える2022年、まだ引退年齢に達しておらず、汪洋とともに政治局常務委員会に残り、胡春華を政治局常務委員会に迎えることができれば、習近平の独裁体制にブレーキをかけることができるかもしれない。

1955年生まれの李克強は、一時期は胡錦濤の跡を継いで総書記になる可能性もあった優秀な共青団官僚政治家である。北京大学で法学博士、経済学博士号をとり、卒業時には大学一の成績をほこり、英国への留学か、政治家として党に尽くすかの二つの選択肢の間で悩み、政治家の道を選んだ。

胡錦濤に指導者としての教育を受け、後継者として大事に育成されてきたが、江沢民派との激しい権力闘争の末、総書記の座を習近平に譲る結果となった。

それでも首相になりたてのころは、リコノミクスをひっさげ、中国経済改革に着手するかに見えたのだが、その勢いはこの5年ですっかり消えてしまった。

李克強の失速は、ありていにいえば李克強が精神的にも肉体的にも弱すぎたということにつきる。李克強は秀才型の経済学者肌。その夢は？　と聞かれれば、「農村の都市化」つまり中国の立ち遅れた地域の近代化、と答えるような真面目な理想主義のエコノミストだった。一方、習近平の夢は「偉大なる中華民族の復興」だ。実務の有能さと、国家指導者に必要な大風呂敷を広げるのとは全く違うという意味では、李克強はやはり指導者の器ではなかったといえる。

もともと子供のころから体も弱く、安徽省の生産隊に下放されていたころは、水があわずに全身に潰瘍ができるなどの病気を何度もしたとか。大学時代には心筋炎を患ったとか。首相になってからは、その重責に応えようとして無理がたたり、肝臓まで悪くしたともいわれている。

さらに胡錦濤政権時代の経済の負の遺産、たとえばリーマンショック対策に発動した4兆元の財政出動の結果起きた、地方財政の悪化や不動産バブルといった問題の責任を李克強が負わされることになり、精神的にも追いつめられ、いつのまにか経済政策の主導を習近平派に奪われてしまった。彼が理想とした政策、「農村の都市化」も地方に乱立するゴーストタウンを引き起こしたと非難の的になっている。

2016年、2017年春の全人代（全国人民代表大会）の席上でみせた李克強の顔色の悪さ、弱々しさは少々いたいたしいくらいであった。そしてその弱った李克強に対して不満げに冷たい視線でねめつける習近平の態度をみれば、二人の対立関係は修復のしようがない、というふうにみえる。それで第19回党大会でも、習近平は胡錦濤には笑顔を見せるものの、李克強には会釈もしなかった。

李克強自身は、この権力闘争の鬼の巣から早々に引退したいというのが本音かもしれない。ただ、政治局常務委員会制度が維持される以上、中国政治は多数派政治であり、李克強の現在もっている〝椅子〟は重要である。共青団派としては、李克強がいくら引退してこの重責から逃れたいと思っても、それは共青団の命運もかかっているとなれば、許されないことなのだ。

李克強をめぐる「噂」の真偽は

2017年6月に流れた少し意外な噂にも触れておこう。

習近平とのライバルであり、犬猿の仲と称される李克強が、習近平と同盟関係を結ぶという噂である。米国に拠点をおく華字インターネットメディア博聞社が中南海（北京の故宮博物院の西側にある地区、政治の中枢）筋の話として報じた（2017年6月8日）。第19回党大会の直前になって「権力の真空」あるいは「裏庭の火事」が起きているという。

習近平と李克強は相談して、まず党大会前に北京をまもり、外敵を防ぐことで一致し、険悪な対立関係を一時期収め、同盟関係になるという。「権力の真空」「裏庭の火事」とはどういう意味か。裏庭とは、長老たちの院政のことをさすのだろう。裏庭が火事ということは、長老たちの意見が割れて内紛状態に陥っているということか。権力の真空は最高指導部内でも対立が深刻化しているということか。

同じころ、北京の時事評論家、華顧が華字メディアの取材にこう答えていた。「習近平の反腐敗キャンペーンは中国共産党ハイレベル官僚政治家の核心的利益に抵触しており、党内をすでに分裂状態に追い込んでいる。たとえ習核心（習近平を核心とすることで権力の求心力を強化する）があっても、党大会前に何が起きるかわからない状況だ」

このコメントは、中南海でクーデターめいたものが起きうるという懸念が習近平や李克強らの間で共通認識としてあるのではないか、という想像を生んだ。

また別の消息筋は、習近平の李克強に対する信任ぶりがここにきて、急に目立つようになった、という。これは外国メディアの見方と全く違うのだが、習近平の牽制が李克強を史上最弱の首相にしてしまった現在、李克強はすでに、習近平の大番頭ぐらいの制限された権力しかもっていない。習近平としては、李克強は自分の支持がなければもうもたない政治家であるとみており、すでに習近平と李克強は対立関係にないのだ、という。

もし、習近平と李克強が本当に同盟関係を結んだのだとしたら、李克強が首相を留任したほうが、汪洋や王岐山のようなスーパー行政マンが首相につくより、習近平が権力をハンドリングしやすい、ということになる。

だが、こういった観測情報のリーク自体が、習近平を混乱させるための情報ではないか、という説もある。つまり、李克強も、習近平に負けたふり、権力への執着が失せたふりをしながら、おとなしくして首相留任を果たし、汪洋も胡春華も習近平派に寝返ったふりをして、いったん習近平がつまずけば、栗戦書すら昔の共青団派のよしみで習近平と対立するといった大どんでん返しみたいな展開もありうるのではないか、という。

権力の真空、裏庭の火事とは、つまり党内の最高指導部や長老たちがお互いに疑心暗鬼の波にのまれて、権力構造が瓦解寸前ということなのかもしれない。

こうした不確かな情報が流れていること自体、習近平政権の権力基盤はいまだ、周囲が思っているほど確固としたものではない、ということかもしれない。

第三章　解放軍粛清と影の実力者

中央軍事委員会の更迭劇

党大会人事といえば、政治局常務委員会メンバーの入れ替えに関心が集中するが、解放軍の津波のような失脚、更迭劇も特筆すべきだろう。なぜなら、習近平政権が長期化するかいなかは、軍の掌握度が大きくかかわってくるからだ。

第19期の中央軍事委員会メンバーは11人から7人に大幅に削減された。主席は習近平。副主席は許其亮《きょきりょう》（空軍上将）が留任。引退年齢に達した范長龍《はんちょうりゅう》が引退したのち、新たな副主席はヒラの委員であった張又俠《ちょうゆうきょう》（上将）が昇進した。このほかの委員は魏鳳和《ぎほうか》（上将、前ロケット軍司令官）が留任、新任に李作成《りさくせい》（上将、中央軍委連合参謀部参謀長）、苗《びょ》華《うか》（海軍上将、中央軍委政治工作部主任）、張昇民（中将↓上将、中央軍委規律検査委員会書記）がなった。

前海軍司令の呉勝利《ごしょうり》（上将）、常万全《じょうばんぜん》（上将、国防部長）、趙克石《ちょうこくせき》（上将、中央軍事委員会後勤保障部長）は定年引退、前統合参謀部参謀長・房峰輝《ぼうほうき》（上将）と中央軍事委員会政治工作部主任の張陽《ちょうよう》（上将）は「双規」（党中央による取り調べ）によって身柄を拘束された。張陽は取り調べ中に自殺した。元空軍司令の馬暁天（上将）も引退。

中央軍事委員会が7人に減らされたのは、習近平の軍内粛清があまりに激しく、上将予備軍がほぼ排除され、習近平が登用した陸海空・ロケット軍の各司令が中将どまりであったために、中央軍事委員会メンバーに入れられなかった、という人材不足説のほか、中央軍事委員会をスリム化することで、陸海空ロケット各軍の権限を抑え、習近平を中心とする党の軍に対する指導力を強化し、軍に対する意思決定を迅速化する狙いがあったという説がある。

前者であれば、この中央軍事委員会人事は習近平にとって不本意であるということになるし、後者であれば、習近平の思惑どおりの軍制改革が進んでおり、習近平は軍の掌握が一層進んだ、ということになる。私は、軍の粛清のしすぎで、人材不足に陥っているのではないか、という気がする。

というのも、七中全会（２０１７年10月11日〜14日）開幕前に、習近平が中央軍事委員会の副主席を四人に増やす提案をした、という香港情報が流れたからだ。習近平としては制服組の力を分散し、主席であり、コマンダー・イン・チーフの自分の権限を強化したいという狙いがあり、そのためには制服組副主席職を増やすことで、その権力を相対的に低くしたいと考えているのではないか、という説がまことしやかに流れた。実際は副主席職を増やすどころか、ヒラの委員ですら頭数がそろわない、ということになる。

これからも吹き荒れる軍粛清

この中央軍事委員会人事のもう一つの注目点は中央軍事委員規律検査委員会書記の張昇民が中将のままで委員会入りし、委員会入りした直後に上将に昇進した点である。中央軍事委員会とは軍の総帥権《そうすいけん》の所在である。そこに汚職摘発の規律検査委員会書記が入ること自体が異例である。つまり習近平としては、軍の汚職摘発をこれまで以上に強化するつもりで、軍内粛清は習近平政権二期目も吹き荒れるもようということだ。

この新たなメンバーの中で、習近平が特に信頼しているのは、張又侠（建国上将・張宗遜の息子）だろう。張宗遜と習仲勲は革命時代、陝甘寧《せんかんねい》野戦軍で一緒に戦った経験があり、張ファミリーと習近平は家族ぐるみの付き合いがある。胡錦濤時代には瀋陽軍区司令員を務め、習近平政権では装備発展部長を歴任した。

習近平が張又侠を信頼しているといわれる理由は、噂レベルだがもう一つあって、〝2012年3月19日政変〟といわれる、解放軍・中央警衛局がかかわったといわれるクーデター騒ぎが未遂に終わったのは張又侠の貢献が大きかった、という話である。この3・19政変というのは、いまだに真相が謎ながら、令計画の息子が北京市内の交通事故で死亡した翌日の3月19日に、公安・武装警察トップの周永康や中央弁公庁主任の令計画、解放軍や中央警衛局がかかわる、なんらかの政変めいた一触即発の事態が起きた、という〝噂〟である。

さまざまな説がありすぎてよくわからないのだが、この事件が、習近平政権の猛烈な軍・公安・安全部・中央警衛局の粛清の背景だとも、いわれている。

このほか、苗華が習近平のお気に入りである。苗華は習近平が福建省長時代に福建の第31集団軍（通称アモイ軍）のトップにいた人で、２０１４年に習近平に上将に引き上げられた。ちなみにアモイ軍とは、解放軍の中では乙類といわれ、いわゆる弱い集団軍というレッテルを貼られている。解放軍の集団軍は、革命戦争時の功績により甲、乙（A、B）とその優劣が明確に区分され、普通は乙類の集団軍から出世コースにのるのは珍しかった。

だが、習近平はその乙類集団軍であるアモイ軍から次々と出世させている。特に苗華の出世は、陸軍から海軍上将の政治委員という畑違いからの出世、しかも海軍副政治委員だった馬祥が飛び降り自殺した直後の出世であるので、海軍内の反発が非常に強かったといわれている。

一般に海軍政治委員や海軍司令は、副政治委員や副司令の経験を積んだものがそのポストにつくのが慣例だった。政治委員というのは人事権を握るポストなので、習近平は苗華に海軍から反習近平将校の徹底排除の仕事をまかせたかったらしい。

李作成も習近平のお気に入りだ。１９７９年の中越戦争に参加し、戦闘英雄称号を与えられた実力派・実践派である。習近平は軍制改革で陸軍の利権・影響力を大きく削いだ。

このことが陸軍内の習近平に対する不満の膨張を引き起こすことを恐れて、陸軍内で尊敬を集め影響力の強い李作成をことさら大事にしてみせることで、陸軍へのコントロールを強化しようという狙いだといわれている。

また、習近平政権は実際に中国が戦争をするという想定をもっており、戦争に勝てる軍隊にするためにも実戦経験者を重視している、といわれている。新たな中央軍事委員会は、許基亮をのぞいて、習近平派だといわれている。そういう意味では、習近平の軍権掌握は順当だといえるかもしれない。

ただ、軍全体に対するあまりに苛烈な粛清をみると、軍全体が本当に習近平に忠誠を誓っているか、習近平に対し総帥としての信頼を寄せているかというと、やはり疑問に思われる点もある。

胡錦濤派を粛清

習近平の軍内粛清は、徐才厚、郭伯雄という江沢民時代に解放軍内の実権を握り胡錦濤時代10年の間、軍を牛耳っていた実力者の排除から始まっている。徐才厚は東北の狼、郭伯雄は西北の虎と並び称され、胡錦濤が軍を最後まで掌握できなかったのはこの二人の妨害があったからだ。江沢民・曾慶紅の後押しで出世してきた習近平にとっては、江沢民と強い信頼関係をもつ徐才厚は政権の座につくまで軍内の後見人役でもあった。

また習近平の妻、彭麗媛の軍内の直属の上司であり、身内も同然の人物であった。だが、その恩も義理もあるはずの徐才厚を習近平は容赦なく汚職で摘発した。末期がんで病床にいるところを連行し、徐才厚は起訴に持ち込まれる前に病死した。一説によれば憤死だともいう。郭伯雄も失脚させ牢屋にぶち込んだ。

二人とも退役上将で元中央軍事委員会副主席を務めたこともある軍制服組トップを極めた人間であり、これまでの常識でいえば、軍のトップを犯罪者として罪に問うことなどありえなかった。それを習近平はやってのけた。軍内は、すでに徐才厚・郭伯雄の両派閥に属さない将校などほとんどいない状況であったので、その後、〝残党狩り〟のような粛清に、軍幹部たちは恐怖した。

習近平は軍制改革の一環として兵力30万の削減を行ったのだが、この半分以上が将校クラスで、しかも東北閥と西北閥に集中した。また、汚職摘発と称して２０１６年末までに中将以上の幹部５人を含む60人を一気に失脚させた。この取り調べ過程で、15人以上の少将以上の高級将校が自殺（不審死）に追い込まれた。

高級将校の自殺など過去にほとんどなかったことで、習近平の粛清のすさまじさを物語る。２０１７年には、さらに中将および上将約50人を更迭。そのうち現役上将は20人、現役中将は25人に上る。

この激しさは、習近平が本気で、徐才厚やその残党によるクーデターを恐れていたからだといわれている。

習近平の粛清は、軍内で決して多数派ではない胡錦濤派の軍首脳にも及んだ。２０１７年秋に失脚した房峰輝や張陽は、胡錦濤派である。

胡錦濤はかつて彼らとともに、解放軍の〝国軍化〟というタブーに挑戦したこともあった。海外の国防軍とも交流のある解放軍エリートたちのなかには、近代化と腐敗防止には党の軍隊から国家の軍になることが必要だと考えている一派があり、胡錦濤政権はこの軍の国軍化改革を推し進めて、軍内の江沢民派利権集団の勢力に抵抗しようとしたことがあった。

だが、これは共産党軍たる解放軍のアイデンティティにかかわる改革であり、表面化する前に挫折した。こうした胡錦濤の軍内権力闘争は、２００６年5月に、青島沖の海上でミサイル駆逐艦に乗船して演習を視察中、海軍内江沢民派による暗殺未遂「張定発事件」なども引き起こした。

習近平はこうした過去の事件も知った上で、解放軍の〝反乱〟を恐れ、その掌握を急いでいたと思われるが、その手法は胡錦濤が目指していた〝国軍化による近代化〟方向とは逆の、解放軍の一層の党軍化、いやむしろ習近平の私兵化といったほうがいいくらいの個人への忠誠要求だった。このため、胡錦濤派の軍首脳排除も徹底した。

房峰輝は、２００９年の建国60周年軍事パレードの総指揮を務め、中央軍事委主席・胡錦濤を補佐した胡錦濤派テクノクラート軍人として知られているが、90年代に蘭州《らんしゅう》軍区にいて、蘭州軍区指令員の郭伯雄の寵愛を受けていたといわれている。１９９８年には少将に昇進、蘭州軍区21集団軍軍長の重職に就き、その後、北京軍区指令員に抜擢されるのだが、このときも郭伯雄の強い推薦があったとされる。

香港明報紙によれば、２０１４年に徐才厚が汚職容疑で取り調べを受けたのち、郭伯雄にも汚職の疑いが出てきたとき、房峰輝は北京民族飯店で郭伯雄の家族と一緒に食事をしながら、「誰が老首長（軍内で使われる上官への敬称）に手を出そうとも、私が守ってみせますよ」というような発言をしていた、らしい。

張陽も、胡錦濤が気に入って広州軍区政治委員から総政治部主任に抜擢された胡錦濤派の上将とされる。長く軍の政治工作任務に就いてきたから、当然、徐才厚との関係はあったと思われる。

そう考えると、習近平としては徐才厚、郭伯雄の残党狩りの名目で、胡錦濤派の軍内勢力を排除したといえる。実際、この二人が何の罪に問われて失脚したのかは判然としない。

中央軍事委員会規律検査当局の取り調べを受けていた張陽は2017年11月23日、北京の自宅で〝自殺〟している。徐才厚、郭伯雄の汚職に連座した、といわれているが、その具体的容疑は謎のままだ。失脚した張陽のポストを受け継いだのは、習近平のお気に入りの苗華だが、考えてみれば苗華の出世にともなって、二人も幹部の〝自殺〟が起きている（馬発祥、張陽）。

房峰輝の容疑もよくわからないのだが、香港消息筋から次のような不穏な噂が流れている。今年6月中旬から2ヵ月余り、中印国境で両軍がにらみ合って一触即発にまで高まった中印国境危機において、中印両軍が「撤退協定」を結ぼうとしたとき抵抗したせいで、房峰輝は失脚させられた、という。

つまり、習近平は、房峰輝が中印紛争再発の危機をあえて招き、習近平政権の安定を崩そうとした、と考えたのだという。確かに、この中印国境の突然の緊張は奇妙であった。解放軍がブータンと中国が領有権を争うドクラム高地に軍用道路建設を開始したことで、ブータンが抗議し、それを中国側が無視したので、ブータンの庇護者たるインドが国境を越えてドクラム高地に入り、力ずくで道路建設を阻止したことがきっかけだった。

最初に仕掛けたのは、突如、係争地で道路建設を始めた中国解放軍側だ。党大会前にこうした紛争が起きては、習近平政権としても党大会に専念できないのだから、本来ならそういうトラブルは避けたいはず。

しかも9月3日に開催される習近平政権1期目の最後の外国政治の大舞台であるBRICS首脳会議で、中国の次に大国のインドのモディ首相が欠席となっては、ホスト国としてはメンツ丸つぶれである。そう考えると、これは習近平が望んだ事態ではなく、解放軍の勝手な行動、という可能性もあるわけだ。

香港消息筋は、習近平は房峰輝に軍事政変の野心あり、と疑ったのだと想像している。外敵との紛争という目くらましの事件を勃発させて、そのどさくさに政変を仕掛ける、というシナリオを習近平が恐れたので、解放軍におけるもっとも有能で戦略的な将校を排除した、というわけである。

空母ショックで海軍司令を更迭

粛清は、習近平の対立派閥の軍人だけでなく身内にも及んでいる。習近平の軍権掌握に少なからず貢献した元海軍司令の呉勝利や元空軍司令の馬暁天《ばぎょうてん》も事実上の失脚といわれている。

呉勝利はすでに72歳で順当な完全引退という見方もあるのだが、2017年夏から秋にかけて一時拘束され取り調べを受けていたらしい。2017年1月には海軍司令を引退、その後継に南海艦隊司令だった沈金龍《ちんきんりゅう》が就任した。習近平が南シナ海の島々の軍事拠点化戦略において沈金龍の功績を高く評価したからだ。

呉勝利は胡錦濤が出世させたという意味では、胡錦濤派ともいえるが、もともとは前任の張《ちょう》定発《ていはつ》とともに江沢民派と見られてきた。対日強硬姿勢やハワイを中心線として太平洋を米中で二分して統治する太平洋二分割論など、過激な思想は、強軍化と海洋覇権を強く打ち出す習近平とも意気投合し、習近平たっての願いを聞いて2012年以降も海軍司令を続投することにした、といわれている。

少なくとも2012年以降の南シナ海のスカボロー礁実効支配および軍事拠点化戦略は呉勝利の指揮のもと行われ、それを習近平が全面的に支持していたことは呉勝利自身が発言していた。

その呉勝利が2017年1月突然解任され、後任には呉勝利がかわいがってきた孫建国《そんけんこく》の頭越しに、習近平が信頼する沈金龍を就けた。なので、この二人の関係にひびが入ったというのは、なんとなく察せられたが、その理由ははっきりとはしなかった。一説には、初の中国建造空母・遼寧の演習指揮があまりにもお粗末で、習近平が激怒したのが原因ともいわれた。

2017年1月、米トランプ大統領と台湾・蔡英文《さいえいぶん》総統の直接電話会談に対して怒った習近平政権が、台湾に圧力をかけるために遼寧号に台湾海峡を通過させる演習を行った。しかし、このとき、台湾側の軍機が遼寧号の上空を飛ぼうが、遼寧号は何の反応もできず、空母であるにもかかわらず、戦闘機の夜間発着機能がないなど、遼寧号の欠陥を国際社会に暴かれてしまった。

習近平は台湾に牽制をかけたつもりが、むしろ恥をかかされる格好になり、この気まずさをすべて遼寧号の指揮をとった呉勝利の責任だとして、海軍司令を更迭した、という話である。

4月26日の初の完全国産空母山東の進水式に習近平も呉勝利も出席しなかったという異常事態は、この〝空母ショック〟が原因ではなかったかと噂された。

もう一つ考えられる理由は、さきにちょっと触れた胡錦濤暗殺未遂事件こと「張定発事件」に、呉勝利はなんらかの関係があるかもしれない、ということだ。張定発事件とは、2006年5月1日、黄海での演習を胡錦濤がミサイル駆逐艦に乗艦して視察中、両脇の駆逐艦が胡錦濤の艦にむかってミサイルを誤射した事件。胡錦濤は艦上ヘリで離脱し、一命を取り留めたが、五人の兵士が巻き添えになった。

事件当時の海軍司令・張定発はその年の暮れ、謎の病で死亡。ミサイルを発射した兵士は胡錦濤を暗殺すれば昇進が約束されていたと取り調べで白状したらしいが、その命令がどこから来たのか真相は突き止められなかった。

そして事件後、呉勝利が正式に海軍司令に任命される。この事件は一般に、江沢民が胡錦濤を亡き者にしようと、江沢民派の海軍司令・張定発に命じて事件をしくみ、張定発自身は病気を理由に現場におらず、無関係を装おうとした、というストーリーが推測されている。呉勝利の出世は、胡錦濤が呉勝利は事件に直接かかわっていないと判断した結果とみられている。

だが、冷静にみれば、この事件自体が迷宮入りになった以上、この事件で出世を遂げた呉勝利が完全にシロという確証もないのである。

何度も暗殺未遂を経験し、歴代総書記の中でもっとも暗殺を恐れているといわれる習近平にしてみれば、歴史に残る暗殺未遂事件にかかわっているかもしれない呉勝利のことを完全には信用できなかったのではないか。

また一説によれば、呉勝利が大連海軍艦艇学院院長だったころ、薄熙来（失脚ずみ）ときわめて親密な間柄であったことなどが、習近平の不信を呼んだともいわれている。

ちなみに呉勝利の汚職は２０１５年ごろからいろいろ噂に流れていた。郭伯雄の汚職に連座していたということが、劉暁江《りゅうぎょうこう》（退役上将、胡耀邦の女婿）によって２０１５年３月に内部告発されていた。具体的にいえば、呉勝利の妻が上海の天虹国際ホテルなどの不動産プロジェクトにおいて利益供与関係があるとか、元海軍中将の王登平《おうとうへい》の買官問題とか。

馬暁天については、まだ失脚とは断定されていない。しかし、空軍司令を早々と解任され、その動静が途絶えていることから失脚と見られている。馬暁天はもともと胡錦濤派とみられていたが、習近平が軍事委主席になった後は、完全に習近平派とみられていた。

徐才厚の電撃拘束も、習近平の密命を受けて、空軍主導で行われたといわれている。馬暁天の父は、馬載尭（大校＝大佐に相当）元軍隊政治学院教育長、岳父が元中央軍事委員会規律委員副書記の張少華（中将）という解放軍紅二代に属するサラブレッド軍人。２０１７年に定年年齢68歳を迎えているので単に年齢に伴う引退の可能性もまだ残るが、呉勝利、房峰輝、張陽の拘束情報が流れると、彼だけ無事なはずはあるまい、という気もする。

軍内で盤石の地位にあると思われていた紅二代・太子党（革命戦争に貢献した軍人・政治家の二代目、建国に貢献した政治家・官僚の二代目の総称）の高級将校たちも一掃されている。一部習近平自身と深い関係のある張又侠や王寧（武装警察司令員、岳父が建国に功労のあった南京軍区指令員・杜平）らを除いて、おおむね党代表から排除している。

具体的には、胡耀邦（元総書記）の女婿の劉暁江（退役上将）、張震（開国中将）の息子の張海陽（退役上将）、劉少奇（元国家主席）の息子の劉源（退役上将）、李先念（元国家主席）の女婿の劉亜洲（空軍上将）、建軍の父・朱徳の孫の朱和平（空軍指揮学院副委員長）、そして毛沢東の孫である毛新宇（中将）。軒並みビッグネームの紅二代たちが落選しているのだ。劉暁江、張海陽、劉源、劉亜洲は第18期中央委員だったが第19期は中央委員から外れた。

世界一の軍隊への野望

いずれにしろ、毛沢東以来の軍内大粛清が進行中だといっていいだろう。そして、その主な理由は、建て前上は軍の腐敗を根絶し、党の言うことをよく聞き、戦争をして勝てる軍隊、共産党軍としての風紀正しい軍隊の実現であり、党大会の政治活動報告で訴えたように、今世紀半ばまでに世界一流の軍隊を建設することだろう。

だが、習近平の本音をうかがえば、その長期独裁体制を確立するために軍権掌握が必須であり、同時に軍内の不満が〝クーデター〟というかたちで自分に向かうのではないかと極度に恐れている。そのため、大量かつ徹底的な軍幹部の人事入れ替えを一気に行い、血統的に求心力を持ち得る紅二代・太子党の軍幹部を排除したのだ。

だが、そうなれば当然軍内の不協和音は増大し、不安定化する。特に習近平に重用されていたように見えていた呉勝利や馬暁天への冷遇は、いかにも使い捨てといった印象で、むしろ最高司令官としての習近平への忠誠よりも、習近平に対する恐れや疑心を生む可能性があるように思える。

粛清の矛先が自分に向かうことを恐れているので、口では習近平礼賛を唱えるかもしれないが、心の底から習近平のもとに軍が団結できるのかどうかは、私は疑わしいと思っている。何よりも、習近平自身は戦争経験がまったくなく、若かりしころ中央軍事委員会秘書長だった耿《こう》飈《ひょう》の秘書を務めていたこと、解放軍の歌姫である彭麗媛を妻にしていることぐらいしか軍との接点がない。

しかも2015年9月3日の大閲兵式で、左手で敬礼という前代未聞の失態を犯している。ささやかなミスと思われるかもしれないが、軍人からすれば、左手で敬礼などというのは無知にもほどがある、という。そういう軍のしきたりに無知な人間が迷彩服を着てわれこそはコマンダー・イン・チーフと名乗り、長年軍の中枢にいた軍幹部たちをばっさばっさと粛清しているわけだから、心平穏というわけにはいかないだろう。

習近平が、本当の意味で、軍権を掌握しているかどうか確認するには、実際のところ、ちょっと戦争をやってみるしかない。

フランス戦略研究基金会の研究員がＲＦＩの取材に答えて、興味深い発言をしていた。「習近平の今の軍制改革および大粛清は、南シナ海、東シナ海および中印国境での戦闘準備を意識してのことだ」。いわゆる年功序列ではなく、実戦向きの中越戦争経験者の抜擢などが目立ち、実際の戦争を意識している人事だという。

参謀長に抜擢された李作成はじめ、実戦経験者を登用し、軍制改革によってつくられた五大戦区のうち、東部戦区、西部戦区、南部戦区の司令はいずれも中越戦争で前線にでた経験がある。陸軍司令に大抜擢された韓衛国（上将）のように習近平となじみがある福建駐屯第31集団軍（通称アモイ軍）出身の〝お友達人事〟の側面も強いが、一定の人事入れ替えをした後、〝手ごろな戦争〟をして、戦績をあげさせ、その人事に説得力を持たせようということなのかもしれない。

ＲＦＩは南シナ海、東シナ海、中印国境の紛争懸念を具体的に上げたが、２０１７年夏以降の情勢をふまえれば、これに半島有事の可能性も加わってくるだろう。徐才厚の残党が依然多い旧瀋陽軍区（北部戦区）の部隊を対北朝鮮作戦の前線に送り込むかたちで半島有事に介入すれば、徐才厚派残党の粛清と中国の手に負えなくなった北朝鮮への懲罰、そして強軍化アピール、内政問題に対する大衆や党内の不満の発散が同時に行え、しかも国際社会から評価されるやもしれない。

もちろん、可能性としては1割にも満たないほどの確率だろうが、絶対ありえそうになかったことが、ひょっとすると、と思えるぐらいに国際情勢のほうに不透明感が出てきた。習近平政権が行っている解放軍人事には、単なる内政問題、権力闘争を超えて、なにか国際社会も巻き込みそうな不気味なものを感じるのである。

現代の西太后？　あるいは江青の再来？　彭麗媛の役割

習近平政権において、妻・彭麗媛の存在感は小さくない。もともと習近平よりも中国人民にとっては有名人であり求心力のある人物である。江沢民や曾慶紅が、上海閥のエースとして次期総書記に押したのは、習近平その人の実力を見たのではなく、彭麗媛の影響力をたのんだからだ、という説もあるくらいだ。

１９６２年11月10日、山東省菏沢《かたく》市鄆城《うんじょう》県で、父が県の文化館館長、母が県劇団の花旦《ホアタン》（京劇の女役）という芸術一家に生まれた。ちょうど大飢饉の翌年にあたる年で、彭麗媛も母乳ではなくトウモロコシの薄い粥をすするという貧しい生活の中で成長する。文化大革命がはじまると、文化的知識人であった父親は党籍を剥奪され、迫害される。

この影響で彼女は寡黙で内向的な少女に育った。ただ芸術に携わる両親の影響で、彼女は特別な教育を受けていなくても、素晴らしい歌唱力をもち、その才能に気づいた中学時代の恩師のおかげで、プロ歌手の道に進むことがかなった。

山東芸術学校、中国音楽院などで才能を磨き、１９８２年の中国版紅白歌合戦と言われる音楽番組「春節聯歓晩会《しゅんせつれんかんばんかい》」で、胡耀邦も大好きであったという民謡「希望の田畑の上で」などを歌い、美貌、歌唱力の実力とも備わった国民的歌手としてスターダムにのし上がった。１９８４年に解放軍総政治部歌舞団に入団。軍属歌手として中越国境紛争の激戦地に慰問に行ったという武勇伝も残っており、いまなお解放軍兵士たちの女神である。

こうした経歴のせいで、彼女は習近平よりも軍内でも国民の間でも人気があった。だが、少女期に迫害の経験を持つ彼女は、単純に歌手としての成功を望むだけでなく、政治的野心も比較的はっきりとあらわしている。

彭麗媛と習近平が付き合い始めたのは、習近平が当時駐英大使であった柯華《かか》の娘・柯小明とまだ結婚生活を営んでいたころからである。つまり、一種の略奪愛であった。習近平も若いころは美男子であったので、彭麗媛は本気で恋に落ちていたと考えられるのだが、一方で習仲勲という八大元老のファミリーに入るということの政治的意味もよく理解していた。

それは、例えば習近平の中央への出世が見え始めた浙江省党委書記時代、引退した江沢民夫妻が浙江省にやってきたとき、彭麗媛が何をおいても駆けつけ、江沢民夫人・王冶坪に嫁のように仕えたというエピソードからもわかる。習近平の総書記候補が決定したころには、彭麗媛は完全に歌手活動をやめ、夫の権力闘争や派閥形成を裏から手伝う政治的センスを発揮した。

こうした彭麗媛の頭のよさは、江沢民らから高く評価され、習近平を総書記に推す一つの決定力になったといわれている。

ファーストレディ外交

そして実際に習近平が総書記になったあとは、中国のファーストレディとして、劉少奇《りゅうしょうき》の妻の王光美《おうこうび》以来の活躍を見せたのだ。習近平政権一期目の外交においては、目立った習近平の外交成果がないことも多かったが、ファーストレディファッションの記事で国民は大いに盛り上がり、中国国内のアパレル企業の一時的な株価上昇に寄与するなど経済効果をあげた。

彭麗媛の場合、夫の同伴者という立場ではなく、外交訪問団の正規メンバーとして登録され、外交活動を行ったのだが、国家主席夫人がこうした立場で活動するのは、改革開放以来初めてであろう。実際、彼女のファーストレディ外交は欧米メディアも好意的に取り上げ、対外強硬派の習近平政権のイメージをいくぶん和《やわ》らげる効果もあった。

また国内のイデオロギー戦略、宣伝においても彼女の役割は小さくない。

２０１４年10月15日、習近平は文芸工作座談会を開き、重要講話を発表したが、この座談会を開くというアイデアは彭麗媛で、重要講話の原稿チェックをしたのも彼女だったらしい。これは毛沢東の延安文芸座談会（１９４２年）や「部隊文芸工作座談会」（１９６６年）を模倣したアクションであった。こうした文芸工作座談会の真の狙いは、プロパガンダを担い世論を左右する文化芸能界の主導権をがっちり握ることだった。

彭麗媛はこの座談会より約１年も前から、自分の仲間である芸能・文芸関係者に働きかけて、最終的には解放軍総政治部の批准も得てこの会議の招集を実現させた。これまで文化芸能界の実権を握っていたのは曾慶紅派だといわれていたが、この文芸工作座談会を機に、実権を彭麗媛が奪ったといわれている。

習近平は文化芸能界のことはまったく理解していなかったが、彭麗媛は、文化芸能が大衆を洗脳する重要な道具であることを理解しており、これを政敵から奪わずして権力闘争を勝ち抜けないことも承知していたのだった。

この時の彭麗媛は、1966年の部隊文芸工作座談会で政治舞台に躍り出た毛沢東夫人江青《こうせい》と同じ役割を果たしたといわれている。江青は、この座談会後、文芸界の大粛清の指揮をとったが、彭麗媛も、香港映画スターのジャッキー・チェンの息子を麻薬所持で逮捕、起訴するなど芸能界の〝粛清〟に関与しているといわれている。

文化大革命時代に江青らが権力闘争に利用した革命歌劇「白毛女」を彭麗媛の演出で2015年11月から大々的に再演したことも、2016年の春節恒例の歌番組「春節聯歓晩会」（春晩）で物議をかもした過剰なまでの習近平礼賛演出も、彭麗媛による宣伝工作の一環だとみられている。

ちなみに春晩のプロデューサーで、彭麗娟という名前から彭麗媛の妹だと噂された人物は、名前が同じだけの別人で、春晩の過剰演出は中央宣伝部の習近平に対する〝ほめごろし〟的な嫌がらせで、その責任を彭麗媛になすりつけようとした、という説もある。こうした説がでるほど、テレビ・芸能界分野における彭麗媛の影響力が強く、中央宣伝部との対立関係が強まっていた、ということもいえるかもしれない。

習近平が激しい権力闘争を展開し、信頼できる同僚、右腕となるべき盟友が離れていくにつれて、習近平の彭麗媛依存は高まっているという。頭のよい彭麗媛は最近は表舞台から姿を消しているが、そのぶん、より深く習近平政権の宣伝工作にコミットするようになっているともく。米フォーブス誌が選ぶ「世界で権勢をもつ女性ランキング」で彭麗媛は２０１６年58位、２０１７年は51位となった。

娘・習沢明の宣伝政策

ここにきて彭麗媛に加えてさらに、習近平と彭麗媛の娘・習沢明も習近平の宣伝政策にかかわりはじめた。彼女は米・ハーバード大学の留学を終えて帰国後は、習近平のインターネット宣伝工作に大きな影響力を与えているといわれている。微博《ウェイボー》の共産党系オフィシャルアカウント「学習小組」などで、若者向けの発信によって若者のインターネット世論を誘導する方法などを習近平にいろいろアドバイスしている、とか。

習沢明は、米国留学経験のある中国のエリート若者層らに響く言葉や思考に精通しているといわれ、彼らをターゲットにした世論誘導を指導。これはある程度の効果をみており、〝小粉紅〟（ピンクちゃん）などと呼ばれるネット紅衛兵《こうえいへい》的な愛国的若者ユーザーを増やすことになったという。

習近平はもともと気の強い女性に弱いマザコン・シスコンの傾向があるといわれ、福建省長時代に、母親の斉心《さいしん》（故人）が存命のころは、仕事の悩みを母親に聞いてもらったエピソードなどが母子の絆の深さの例として国内でも知られている。また姉の斉橋橋《さいきょうきょう》は政務に忙しい長男・習近平の代わりに習家の家長役を引き受ける女丈夫であり、習近平ですら姉の意見にはなかなか逆らえないらしい。

ここにさらに、妻と娘が習近平のアドバイザー的役割を担《にな》っているという。こうした習近平ファミリーの女たちの影響力というのは、党内習近平派の政治家・官僚にこれといって際立った実力派がなく、また習近平自身に他人を信頼できない疑り深い部分がある以上、意外に強く習近平政権の政策に反映されやすいとみられている。

太子党のラスボス・曾慶紅の影響力

習近平政権二期目の行方を左右するキーマンとして、最後に、ほとんど表向きのメディアでは名前が出てこない人物、曾慶紅についてもここでふれておきたい。習近平政権一期目の権力闘争において、その影響力をなんとか封じ込めようと最も苦心した政敵、といわれている。

1939年生まれの曾慶紅は、一言でいえば太子党の〝大兄貴〟である。政治派閥というよりは、革命家血統を重んずる中国においては、貴族に相当するような特権意識とプライドがある。同時に、太子党同士には肉親に近い共同体意識もあり、婚姻も太子党ファミリー同士が比較的多い。この血統を通じた強力な人間関係は、政治だけでなく経済界にもはびこり、鄧小平路線が生んだ〝権貴政治〟（権力と資本が癒着した政治）の温床ともなっていた。

一般に太子党といえば鄧小平ファミリー、胡耀邦ファミリー、葉剣英ファミリー、劉少奇ファミリー、習仲勲ファミリー、薄一波ファミリー、趙紫陽ファミリーといったあたりが頭に浮かぶだろうが、こうした大物ファミリーのほぼ全員に一目置かれているのが、曾慶紅である。

曾慶紅の父は、紅軍幹部・曾山、母親は長征にも参加した女革命家・鄧六金。両親ともに革命の最前線で戦った経歴をもつし、曾山は建国後、上海副市長となり1960年には内務部長として国政にも貢献した。だが、太子党主要ファミリーが曾慶紅に対して強く恩義を感じているのは、その母親・鄧六金の存在が大きい。

1939年、革命戦争最中に出産した曾慶紅を祖母に預けて、行軍を続けている間、その祖母の家が国民党反動派に襲われ、手ひどい拷問を受けたことがあった。わずか6歳の曾慶紅は泣き声もあげず、自力で脱出し、木のほらに2日2晩隠れ、身を守ったという。鄧六金はこうしたわが子の安否を気にしながらの行軍経験から、母親たちが安心して革命に身を投じることができるように、革命家の子女子弟を預かるシステムが必要と考え、1948年春に華東保育院を創設した。

鄧六金が革命家の子供たちを守り教育することで、親たちは安心して革命戦争に専念できたことが勝利の決め手であったという評価をうけ、しかも当の子供たちにとっては、戦時中自分たちを守り、食べさせてくれた鄧六金は第二の母親であった。そして鄧六金の息子である曾慶紅は、義理の兄のような存在となった。

こうした、濃密な人脈を生まれながらにもつ曾慶紅は、同時に非常な切れ者であり、上海市党委員会に赴任した後は、上司の江沢民に重用された。江沢民が天安門事件を契機に総書記に抜擢されたのも、腹心の曾慶紅の働きが大きいとされる。江沢民が総書記として中央に赴任すると、曾慶紅も呼び寄せられ党中央弁公庁副主任・主任となり、北京で孤立無援であった江沢民のために〝上海閥〟を形成していく。

これは人事権を握り、権力闘争を仕掛け、政敵を排除するということだが、もともと太子党の大兄貴として広い人脈をもつ曾慶紅は、持ち前の情報収集力と交渉力、人事にも容赦のない非情さでもって、江沢民の政敵を次々と排除していった。解放軍を牛耳っていた長老・楊尚昆《ようしょうこん》・楊白冰《ようはくひょう》兄弟の排除や、北京市委書記だった陳希同《ちんきどう》の失脚、中国建国以来の最大の密輸汚職事件・アモイ事件（遠華事件）を絡めた人事と権力闘争など、その辣腕は畏怖とともに知れ渡った。

こうした権力闘争のプロのような曾慶紅のおかげで、親の七光りで出世していると党内では比較的なめられていた習近平が、秀才とうたわれていた共青団派の李克強を抑えて、総書記ポストに就くことができた。曾慶紅は、胡錦濤政権1期目は国家副主席の地位に甘んじ、その気であれば国家主席職を奪うくらいの実力はあったといわれていたが、胡錦濤政権2期目に入るとき、自らの完全引退と引き換えに習近平に自分の地位をすべて引き継がせたうえ、次期総書記ポストを胡錦濤に確約させたといわれている。

習近平の隠れた脅威

完全引退した後、曾慶紅の名前は、政治の表舞台に現れることはほぼなくなっていた。

だが、天文学的といわれる蓄財と太子党人脈、国家安全部や芸能界、財界、メディアに忍ばせている情報収集網の広さは、今度は習近平の脅威となった。

習近平にとって、江沢民も曾慶紅もいわば恩人である。彼らの後押しがなければ、習近平は総書記の地位にたどり着けなかった。だが、同時に習近平は、自分が江沢民院政、あるいは政治の舞台裏に身を潜めた曾慶紅が自分を傀儡《かいらい》扱いしようとしていることに抵抗を感じていただろう。

実力でもぎ取ったというわけではなく、胡錦濤派との権力闘争の中で、江沢民と曾慶紅の権謀術数の駒として棚ぼた式に総書記の地位を得たことへの自信のなさの裏返しが、いつ自分が捨て駒にされるかもしれない、という強い疑心暗鬼を生んだと思われる。おりしも、江沢民から信任の厚い重慶市委書記の薄熙来が、習近平から権力の座を奪おうと画策していた事件が発覚した。

薄熙来は失脚させたが、その背後には、元中央政法委員会書記（警察権力のトップ）の周永康や軍長老の徐才厚といった江沢民派の面々がつらなっていた。自らの安全のために、彼らをさらに失脚させていくわけだが、そのことは習近平と上海閥との対立をさらに先鋭化させていく。国家安全部や公安部幹部、中央警衛局の幹部ら、本来なら習近平を守るはずの部署までもが、上海閥、曾慶紅派人脈に牛耳られ、習近平を監視し盗聴していることに気づくと、習近平側も総書記としての権力と資源をフルに使って彼らを失脚させ、自分の子飼いにすげ替える総入れ替え人事を行った。

だが、末端の官僚は汚職容疑で失脚させることができても、権力の本元である江沢民、曾慶紅にまではたどり着かない。江沢民はすでに年老いて寿命が尽きかけているが、曾慶紅に関しては、まだ若く、その能力、人脈、資金力からいっても、習近平を失脚させるだけの底力はもっていそうだ。

薄熙来を失脚させるときは、江沢民派に煮え湯を飲まされつづけた胡錦濤の協力を得ることができたが、習近平の反腐敗キャンペーンによって、腹心の令計画や孫政才を失脚させられている胡錦濤派が、いつ曾慶紅サイドと協力して、習近平の足元を揺るがしにくるかもしれない。そういう懸念もあってか、習近平政権1期目、特に後半の権力闘争は曾慶紅封じを意識したものが突出している。

その一つは、すでに触れた郭文貴事件。王岐山の進退にからむ暗闘だが、その背後にはまちがいなく曾慶紅の存在がある。そして、もう一つが蕭建華《しょうけんか》事件だ。

蕭建華事件についてはまだ紹介していないので、ここで詳しく述べておこう。

太子党の金脈を抑える〝蕭建華事件〟

2017年春節イブ（除夕）に起きた、香港の大富豪にして、中国金融の裏ボス、ホワイト・グローブス（白手袋、汚れた手を隠すために白手袋をする人、金融の裏仕事請負人）と呼ばれる蕭建華の失踪事件（おそらくは中国当局による拉致《らち》）の背景は、いろんな読み解き方があるが、やはり習近平 vs.曾慶紅の闘争という見方が主流だ。

蕭建華は、90年代から00年代にかけて曾慶紅ファミリーはじめ太子党子ファミリーの天文学的蓄財に貢献した人物であるだけでなく、２０１５年夏の上海株暴落〝上海株災〟をリモートコントロールしていたとささやかれている。

また２０１２年に、ブルームバーグが習近平ファミリーの不正蓄財疑惑を報じたあと、習近平の姉の持ち株を、習近平ファミリーを救済するという建て前で購入するも、その件をニューヨーク・タイムズ紙にすっぱ抜かれたという因縁もある。さらに、２０１６年から深刻化する人民元暴落予測に伴う資本流出、キャピタルフライトに歯止めをかけるキーマンという指摘もあった。

事件の経緯についてまず説明しよう。

２０１７年1月27日、香港セントラルの五つ星ホテル・フォーシーズンズホテルから、カナダ国籍ほかバルバドスの外交パスポートなど少なくとも3つのパスポートを保持している大富豪・蕭建華が白昼堂々、拉致された。目撃者証言がいくつかあり、頭に布をかぶせられ、車いすに乗せられて午前10時頃、車2台で連れ去られたとか。妻が翌日に、香港警察に捜索願を出したが、その後、捜索願が取り下げられた。有名ホテルから大富豪が失踪したというのに、ホテルサイドはなんのコメントも出さず、蕭建華が創始者の投資企業集団・明天系の公式微博アカウントは「外国で病気療養中」とうそぶいた。消息筋によれば、すでに北京にいるらしい、という。つまり、中国当局によって拉致されたという見方が今のところ濃厚だ。ただし、中国当局は、沈黙を守っている。

香港において中国当局が越境して人を拉致する事件は、銅鑼湾書店関係者が拉致された〝銅鑼湾事件〟（2015年秋に発生、2016年6月、釈放された元書店長・林栄基が記者会見で、事件が党中央の指示で行われた越境逮捕であることが判明）がすでにある。

だが、この事件が銅鑼湾事件以上に香港社会に衝撃を与えたのは、今回拉致された人物が、書店関係者や民主化活動家といった庶民ではなく、太子党の大物をバックにつけ、中国金融界の裏ボスといわれている金と権力の両方を操る大物であったということだ。

香港のフォーシーズンズホテルは、反腐敗キャンペーンのターゲットになるやもしれないと不安に思う太子党や官僚の子弟や大企業幹部たちが、避風塘（漁船が台風をしのぐ湾岸）よろしく、一時身を寄せて、情報交換を行いながら、北京情勢をうかがう拠点として知られている。胡錦濤の腹心、令計画が失脚する直前には、令計画の兄の利権の温床であった山西官僚らがみなこのホテルに逃げ込んだので、ホテル内の公用語は山西方言であったという冗談が流れたほどだった。

今回の事件は、党中央に強いコネを持っていても、金を持っていても香港は守ってくれない、という厳然とした事実を明らかにした。香港はもう誰も守れない。世界に名だたる高級ホテルで人が拉致されたとしても、香港警察は事件にすることすらできない。金融都市として必須条件の安全と信用はとことん地に落ちた。

愛人30人の黒幕

香港の金融都市としての信用を大きく損なってまで身柄を押さえたかった蕭建華とはいかなる人物か。

１９７２年生まれの蕭建華は、15歳で北京大学法律系に入学した神童で、天安門事件のときは大学側の学生会主席として、民主化要求の学生たちと対峙した経験もあるらしい。卒業後は大学の党委員会の仕事をしながら起業、１９９９年に正式に「明天ホールディングス」を創設し、金融、証券、保険企業などを次々に買収。その中には長財証券、新時代証券などの大手もあった。

現在、明天系と呼ばれる企業集団は、少なくとも9社以上の上場企業を傘下におき、30社以上の筆頭株主で、総資産1兆元以上とか。その市場に対するコントロール力は言わずもがなで、「明天金融帝国」との呼び名もある。

彼は２０００年代に、自らの市場操作力を駆使し、曾慶紅や江沢民ら国家指導者ファミリーらの不正な蓄財に手を貸し、また蓄えた資金の洗浄も担ったといわれている。その額は、少なくとも2兆元を超えるとか。例えば、２００７年に、曾慶紅の息子の曽偉が山東省最大のエネルギー国有企業で資産価値７３８億元相当の魯能集団を30億元あまりの格安で買収した〝魯能事件〟の黒幕も蕭だったという。

太平洋証券の上場にからむ不正事件で、国家開発銀行副行長の王益が失脚し、やはり90年代に起業し飛ぶ鳥を落とす勢いであった投資企業・涌金集団のトップ、魏東が飛び降り自殺に追い込まれた2008年、この事件に関与したと噂される蕭建華は自分の身の安全を図るために出国。以降は、少しずつ持ち株をシャドーカンパニーに移し、できるだけ目立たないように動くが、それでも中国市場に対する影響力は厳然としてあった。

香港に拠点をおくようになったのは5年ほど前からで、フォーシーズンズに幾部屋もアパートメントルームを借りていたとか。蕭には愛人が30人ほどいるといわれているが、最近は娘を産んだばかりの安徽省出身の愛人と生活を共にしていたという。

彼が中国当局に拉致された（と仮定して）その理由については、いくつか説があり、ニューヨーク・タイムズ（NYT2月3日付）は、2013年に240万ドルで、習近平の姉夫婦の持つ投資会社の株を購入した件が関係あるとみている。

蕭建華にすれば、習近平ファミリーのためを思ってという建て前だったかもしれないが、この件は、NYTが2014年6月3日にすっぱ抜き、しかも蕭建華周辺筋がその事実を暗に認めるような発言をしたので、習近平のメンツをおおいに傷つける結果となった。

ちなみに、NYT記事によれば、蕭建華が利益誘導した党中央幹部には、胡錦濤政権時代の序列四位の政治局常務委員の賈《か》慶林《けいりん》の女婿・李伯潭や、元中国人民銀行行長の戴相龍の女婿・

車峰の名前も出てきている。

蕭建華は多くの太子党、官二代、紅二代、つまり共産党の〝紅色貴族〟たちの不正蓄財を手助けし、その手法を熟知しており、よりによって現役党中央総書記ファミリーの蓄財の裏まで知っている。つまり習近平にとっても、スキャンダルを握る危険な人物といえる。このスキャンダル漏れを防ぐために、蕭建華の身柄を北京に取り戻す必要があったのではないか、という見立てだ。

もう一つの理由は、２０１５年の上海株大暴落、俗に言う「株災」に蕭建華がかかわっていたという見方である。

蕭建華の資金力、影響力をもってすれば、市場をリモートコントロールすることはたやすい。習近平は２０１５年の株災がらみで、悪意ある市場操作を行ったとしてプライベートファンドの星、徐翔を逮捕、５年半の実刑判決が出ている。徐翔以上の市場操作能力を持つ蕭建華だけが逃げ切ることはできないのではないか、という見方だ。


さらに言えば、蕭建華の拉致は、習近平政権の金融政策立て直しと連動するものではないか、という説もある。２０１６年暮れから２０１７年春の時点で習近平政権の最大の悩みの一つは、外貨準備高が３兆ドルを割り込み、キャピタルフライトの歯止めが利かないということだった。

この外貨準備高減少を食い止めるために、２０１７年の金融改革の柱の一つとして、国家外為管理局関係者が、外国市場で上場した国内企業に対して、そこで集めた外貨資金の一部を人民元にして国内に還流させるという方針を打ち出している。

国内企業の香港上場を後押ししているのは、蕭建華のような巨大民営ファンド集団だ。さらに言えば、そうしてできた外貨資金を洗浄して、各地に分散させて、国内企業やあるいはその中核にいる紅色貴族たちの不正蓄財、キャピタルフライトを幇助《ほうじょ》してきたのも蕭建華のような巨大ファンド集団だ。蕭建華を拘束したのは、こうしたキャピタルフライトをたくらむ紅色貴族や国内企業家の恐怖心をあおり、おとなしく外貨を国内に還流させることが目的ではないか。

つまり、党中央の指導を聞かずに、キャピタルフライトに走れば、汚職容疑で拘束（たとえ身柄が香港にあっても逃げられない）、おとなしく外貨を国内に還流させれば、党中央が国内企業の香港および国外での上場を後押ししよう、ということだ、と。ちなみに、この説を主張しているのは、元経済紙記者で、在米亡命学者でもある何清漣だが、香港、深圳金融の裏事情を知るだけあって、その推測にはかなりの説得力がある。

権力闘争はまだまだ続く

だが、やはり国内外の中国政治ウォッチャーが興味津々《しんしん》なのは、蕭建華の取り調べによって、曾慶紅の失脚、あるいは失脚に至らなくても、党大会前に曾慶紅の影響力を牽制するだけの情報を習近平が得るためではないか、という説だ。

曾慶紅は、老獪《ろうかい》な政治手腕をもって、ダークホースであった習近平をまんまと総書記および国家主席の座につけた最大の功労者である。習近平にとっては恩人だ。だが、自分がコントロールされることを嫌う習近平は、権力トップの座についてからは曾慶紅を政敵とみなすようになった。そうして曾慶紅を追い落とすために仕掛けた権力闘争のひとつが、国家安全部副部長だった馬建の失脚（２０１５年1月）だった。

馬建は曾慶紅の懐刀として、その諜報能力を習近平はじめ党中央指導者に向けても発揮し、〝習近平がらみのスキャンダル〟を含む情報を、やはり曾慶紅のコマとして動いていた実業家・郭文貴に流したといわれる。その郭文貴は、そうしたスキャンダル情報を持って米国に出国し、２０１７年からインターネットメディアを使って王岐山のスキャンダルをあおっているわけだ。

ちなみに、すでに失脚していた周永康や令計画の汚職事件とも馬建はかかわっており、失脚は周永康、令計画事件に連座した格好となるのだが、馬建の最大の政治的庇護者が曾慶紅であることは公然の事実であったので、多くのジャーナリストたちが馬建失脚を習近平と曾慶紅の権力闘争の文脈で解釈していた。この権力闘争は、いちおう曾慶紅が逃げ切った形で収束していた。

もし肅建華が北京で取り調べを受けているとすれば、魯能事件など曾慶紅ファミリーの過去の経済犯罪疑惑などについても蒸し返される可能性はある。習近平にしてみれば、かつて自分を政権トップの座に押し上げたあの鮮やかな政治手腕を、再び自分を引きずり下ろすために振る可能性を恐れていて当然だろう。

馬建事件で一度、その政治生命が危機に瀕したとはいえ、曾慶紅が政局を動かすだけの資金力と人脈と頭脳を維持している可能性は高く、党大会を前に、少なくとも曾慶紅の動きは牽制しておこうということかもしれない。

どの説も、あり得る話で、おそらくはいくつもの思惑が働いていることだろう。2017年暮れの段階で、蕭建華の消息は不明。江沢民や曾慶紅の失脚の情報もない。習近平にしてみれば、曾慶紅の影響力を完全に無力化するまでは、共産党の絶対的権力を掌握した、と安心はできないのではないだろうか。

このように考えると、習近平の権力闘争はまだ道半ばであり、本当の意味で独裁体制に向けての権力基盤が固められるかどうかは、今後の5年にかかっている。

ニューヨーク在住の中国人学者・謝選俊の言葉を借りれば、「習近平が毛沢東のようになるには、依然党内に妨害勢力がある。一部官僚たちは表向き従順だが裏では背いており、場合によってはつぶしてやろうとたくらんでいる。それが中国共産党政界地震が止まない根本原因だ」。

習近平政権2期目の始まりは、権力闘争の終わりではなく、クライマックスの幕開きなのだ。

第四章　「習近平思想」は真っ赤な独裁

〝習近平新時代〟とは何か

習近平政権が長期独裁政権を目指している。

第19回党大会は、そのことを包み隠さず打ち出した。この党大会を機に考えるべきことは、一つは第一章でふれた習近平政権の人事と権力闘争の行方を占うことだが、もう一つは習近平政権がどのような中国を目指しているか、である。

そのことを知るためには、党大会の初日で読み上げられた政治活動報告で何が書かれているか、そして党規約に新しく盛り込まれた「習近平新時代の中国の特色ある社会主義思想」とはどのようなものかを分析する必要がある。

まず、党規約総綱に習近平の個人名が入り、またその指導理論を「思想」と格付けすることの意味である。

「マルクス・レーニン主義、毛沢東思想、鄧小平理論、三つの代表理論、科学的発展観」に並べて、「習近平新時代の中国の特色ある社会主義思想」が書き加えられ、習近平はまず自分の立場が胡錦濤や江沢民よりも上位にあるということは明確に打ち出せた。しかも理論ではなく思想、としたので、鄧小平〝理論〟を超えて毛沢東〝思想〟と並ぶ地位にも上りうるという野心を垣間見せている。

個人名を党の指導戦略・理論に付けて党規約に盛り込んだ中国人は毛沢東、鄧小平に続いて習近平が３人目だ。江沢民、胡錦濤は鄧小平路線の後継者であり、その指導理論に自分の名前を付けるのはおこがましいと考えた。だが、習近平は長期独裁体制を打ち立てるためには、自分が鄧小平を超える存在でないといけないと考えたのだ。

そのためには、個人名を冠すること、〝理論〟ではなく〝思想〟と格付けすることが重要だと考えたのだ。共産党の価値観では、理論より思想が重要なのだ。

習近平は本音では〝習近平思想〟という呼び名にしたかったことだろう。だがさすがに、それは党内の抵抗感が大きかった。建国の英雄・毛沢東の〝毛沢東思想〟と対等に〝習近平思想〟が並び称されることなど、わずか総書記経験５年の習近平にはさすがに許されない。

そこで結局「習近平新時代の中国の特色ある社会主義思想」という長ったらしい名称で、習近平が思想に直接かかるのか、かからないのかわからないようにぼかしたかっこうとなった。もっとも、「習近平新時代」という新しい造語のおかげで、鄧小平時代を旧時代として決別したいというその意思は明確に表現できただろう。

習近平新時代とは、鄧小平時代を過去のものとする決別宣言でもあるのだ。

鄧小平は、改革開放路線によって資本主義経済を導入するにあたり、共産党が看板として掲げている社会主義思想と折り合いをつけるために、「社会主義初級段階」という独特の解釈をつけた。

中国の特色ある社会主義とは社会主義の初級段階であり、市場経済化やそれによる貧富の格差増大、賄賂・腐敗の横行などは、理想の社会主義世界が実現するまでのプロセスのうち、初級段階だということになる。鄧小平時代とは改革開放路線によって社会主義が初級段階にとどまっていた時代であった。そしてその鄧小平時代から習近平新時代に移行するとともに、社会主義は初級段階から中級段階、そして上級段階にいく、ということになる。

この新時代には、もう一つの意味が込められている。

党規約総綱の外交政策についての部分では、「人類運命共同体の構築」および「一帯一路建設の推進」が書き入れられている。これは明らかに今現在、国際秩序・パワーバランスが大きく変化していることを意識して、中国主導の国際秩序を打ち立てていこうという習近平の国際戦略が垣間見える。

つまり米国一極時代から次の新時代へ、という意味だ。それは「中華民族の偉大なる復興」が実現する時代、中国の夢が実現する時代。米国一極時代から米中二極時代、G2時代ということになる。

そうした習近平の思い描く新時代を実現するために、習近平は自らが共産党の唯一無二の核心となることが必要だと説いた。

これまでの集団指導体制では、派閥争いによる意見の対立が先鋭化し、共産党としてまとまるべきところでまとまれない。習近平が核心となってトップダウン形式で一切を指導すれば、共産党の求心力は復活し、中国の新時代を切り開くことができる、というのが習近平の打ち出した方向性である。

この実現のために、鄧小平が築いた集団指導体制の秩序を解体し、民営化が進んでいた中国経済をもういちど国有企業化し、解放軍を近代国防軍ではなく伝統的な党軍化に逆行させ、習近平の私兵化とも言えそうながちがちの軍権掌握を目指し始めたわけだ。

こうした習近平新時代が体現する「中国の特色ある社会主義思想」が導く中国の行く末はどのようなものなのか。

活動報告で打ち出された〝習近平思想〟の中身

〝習近平思想〟がどのようなものであるかを簡単に説明すると「八つの明確」と「十四の堅持」という言葉にまとめられる。

八つの明確とは、以下の八つの方針を明確にするという意味だ。

①中国の特色ある社会主義の発展を堅持し、社会主義の現代化と中華民族の偉大なる復興を実現し、ややゆとりある社会（小康社会）の基礎の上に、二段階のステージ（2020〜2035年までに小康社会を実現し、次の段階で米国と肩をならべる）をへて、今世紀半ばまでに富強、民主、文明、調和の美しい社会主義現代化強国を実現する。

②新時代の中国社会に起きている矛盾、つまり人民のよりよい生活への需要と不均衡、不十分な発展の間に存在する矛盾について、人民を中心とする発展思想を堅持し、発展の促進および全人民の共同富裕をたえず促進していく。

③中国の特色ある社会主義事業は、五位一体戦略に基づき、その戦略は四つの全面において、進め、路線の自信、理論の自信、システムの自信、文化の自信を強く持って強調する。

④改革の全面的深化の総目標を中国の特色ある社会主義システムの完成と発展におき、国家の治理（統治管理のこと）システムおよび治理能力の現代化を進める。

⑤法治国家推進の総目標は中国の特色ある社会主義システムの建設であり、社会主義法治の建設である。（西側のいう法治、法の支配とはちがう）

⑥新時代の強軍目標とは、党の指揮をよく聞き、戦争に勝利しうる、風紀の優良な人民の軍隊の建設であり、人民軍隊を世界一流の軍隊に建設することである。

⑦中国の特色ある大国外交は、新型国際関係の構築を推進することで、人類運命共同体を構築推進することである。

⑧中国の特色ある社会主義の最も本質的な特徴は中国共産党の指導であり、中国の特色ある社会主義制度の最大の優勢は共産党の指導である。党こそ最高の政治指導パワーであり、新時代の党の建設の要求を提示し、党の建設において突出して重要な地位を占める。

さらに「十四の堅持」によってこの八つの目標に向かって推進していく、という。

①党の一切の活動における指導

②人民をもって中心とする

③改革の全面的深化

④新発展理念
⑤人民を当主とする
⑥全面的に法によって国家を統治する
⑦社会主義の核心的価値体系を堅持する
⑧保障と民生の改善
⑨人と自然の調和と共生
⑩相対的な国家安全観
⑪人民軍隊に対する党の絶対的指導
⑫一国二制度推進による祖国統一
⑬人類運命共同体の構築推進
⑭全面的に党を厳格に統治する

目標イメージは清朝時代の中国

抽象的な言葉が多くてわかりにくいかもしれない。

「八つの明確」の中に出てくる重要キーワードを挙げると、まず「中華民族の偉大なる復興」。これは中華民族が一番偉大であった時代に復興する、という意味で、おそらくは清朝時代の版図・国際影響力をイメージしている。

そのタイムスケジュールが「二つの百年計画」、つまり建党100年目の2021年までに小康社会（ややゆとりある社会）建設および建国100年目の2049年までに現代的社会主義強国建設を実現するということなのだが、ここにきて2035年という中間目標を設定して2035年までに小康社会の実現を先延ばしした。

これは2021年までに実際のところ小康社会建設を達成するのが難しくなっていること、2035年まで習近平が権力の座に居座るつもりであることを反映していると思われる。そして、今世紀半ばまでに世界の指導的地位を担う現代社会主義強国を建設する、つまり中華民族の偉大なる復興を実現する、というのが習近平独裁の目標なのだ。

二番目のキーワードは「四つの全面・五位一体」である。

「四つの全面」とは、「ややゆとりある社会の全面的実現、全面的法治、全面的改革の深化、全面的に厳格に党を治める」をさす。

これも法治や改革という言葉にごまかされてはいけない。この場合の法治とは、中国共産党が法律を使って人民を統制することであり、改革の深化とは、共産党のコントロールを隅々に及ぼすための改革である。

四つの全面で一番重要なのは、「全面的に厳格に党を治める（全面従厳党治）」であり、これは党の規律を厳格にするという綱紀粛正の強化を指している。たとえば2012年12月4日の政治局会議で習近平が提起した「中央八項目規定の貫徹」のようなかたちで、官僚たちをコントロールしていこうというわけだ。

八項目規定とは、①形式主義をやめる（接待を簡素化する、会議後の宴会を省略するなど）。②中央名義の全国的イベント、会議を厳格に統制し、中央の批准なしに祝賀会や記念会、シンポジウムなどを行わない。③報告書は簡潔にして、必要のない文書は発行しない。④出張の随行員を制限し、交通費なども厳格に規律にあわせる。⑤（政治家・官僚都合の）交通管制、道路封鎖などを減らす。⑥新聞記事を効果的にするため、（政治家・官僚の自己宣伝のための）報道量や文字数などを圧縮する。⑦勝手に本を出版したり揮毫《きごう》したりしない。⑧倹約に励み清廉であることを厳格に守り、住居、車両など生活待遇の規定を厳格に守る。……といった党の官僚政治家として守るべき八項目をさす。

官僚主義、形式主義、享楽主義、贅沢の四つの風潮に反対し、党員に清廉で清く正しい仕事と生活の態度を強く求めていき、これに違反するものは厳格に処分していく。この過程で政敵を追い落とし、権力を掌握する一方で、党から資本家を追い出し、中国の過半数を占める農民、労働者の支持を得る党にすることで、その権威の正当性をとりもどそう、ということだ。

「五位一体」とは「経済、政治、文化、社会、エコを一体化して進めることがゆとりある社会、中華民族の偉大なる復興を実現する、中国の特色ある社会主義事業推進のための全体的な方針」とすることだ。

「十四の堅持」にある「社会主義の核心的価値」とは、具体的には「富強、民主、文明、調和（国家としての価値目標）、自由、平等、公正、法治（社会としての価値方向）、愛国、敬業

（仕事を敬うこと）、誠信、友善（公民個人としての価値準則）」の24文字で表されるが、ここにある民主、自由、平等、公正、法治といった言葉が西側の民主主義的価値観にあるものとは全く違うということは、言うまでもない。

この「社会主義の核心的価値」は、「国際敵対勢力がわが国を西洋化し分断しようとしている戦略的陰謀によって、思想文化領域が侵食されている」という切迫した状況に「中国は積極的に社会主義の核心的価値観を育成し、実践し、主流価値観念への影響力を拡大し、国家の文化ソフトパワーを高める必要に迫られている」という立場から発信されるもので、つまり、中国に浸透している西側の価値観を否定するために打ち出された。（２０１３年12月の中央弁公庁「社会主義の核心的価値を育成・実践するための意見書」より）

「習近平思想」と国際社会

国際社会が気にすべきポイントとしては「新時代の強軍目標として、人民軍隊を世界一流の軍隊とする」「人民を主体とした党の一切の指導」「人類運命共同体」といったキーワードだろう。

国防と軍隊の現代化は領土・領海の拡大に必要だからだ。中国の夢＝中華民族の偉大なる復興が、かつての帝国のような広大な版図、周辺国への強い影響力、中国を中心とする秩序圏の復活ということをさすならば、軍事力は何より大切だ。しかも共産党は銃口から生まれた政党。

軍権の掌握は、そのレジティマシー（正統性）と密接に関係する。

加えて「人民を主体とした党の一切の指導」が重要となってくる。下部組織は上部組織に従うという共産党独裁の原則の徹底である。もちろん今までも共産党独裁であったが、党内のシステムをいえば、最終的な決定は政治局常務委員による多数決で決まる合議制であり、寡頭独裁といわれる多数派政治であった。

また、改革開放により資本家が党内に入り込んできたことで、人民（労働者や農民といった基層民）の代表としての民主集中制・プロレタリアート独裁ではなく、金の力が党内権力バランスを左右するようにもなってきた。習近平はそこで、反腐敗キャンペーンや八項目規定に象徴される綱紀粛正で党内から資本家を排除し、「人民を中心とする党」を取り戻すと同時に、党の指導をあらゆる方面に徹底しようとしているわけだ。

党の一切の指導は共産党内だけに徹底されるのではなく、中国全土、ときには海外にまで進出した中華系の経済、メディア、社会に徹底される。特に、鄧小平路線によって自由主義化の方向に進んでいた経済は、社会主義経済の方向に引き戻され、「国退民進」（国有企業の株式化、資産流動を進め、民有経済を増強する1990年代の鄧小平路線の方向性）から、「国進民退」（国有経済を増強し民営企業へのコントロールを強化する方向性）に転換していくことになる。

市場も為替も党にコントロールされ、経済活動も企業利益ではなく、党の戦略を優先するように求められる。これによって経済が失速しても、党の指導が徹底されれば、人民の不満は厳しい統制のもとに抑え込まれることになる。

となると〝習近平思想〟が打ち出す「人類運命共同体」とは中華秩序・中国的価値観（社会主義の核心的価値体系）で支配された世界観に各国国民が組み入れられてしまう、という意味であることがわかるだろう。正直言って、私は中国の価値観のもとの運命共同体などごめんであるが、国連人権理事会の決議に習近平の提唱する「人類運命共同体の構築」が盛り込まれた（第72回国連総会第1委員会・軍縮・国際安全保障問題会議、２０１７年11月2日）。

おそらく、国連首脳部はこの中国のいう「人類運命共同体」について、正しく理解していない。あるいは、中国に鼻薬をかがされて完全に言いくるめられているとしか思えない。

〝習近平新時代の中国の特色ある社会主義思想〟とは、中国が世界の秩序と価値観を支配する大国となるための思想、ということであり、その実現のために、人民は党の指導にこれまで以上に徹底的に支配され、経済は経済的利益よりも党利党略を優先せねばならず抑制時代に入り、版図拡大・国際的影響力の拡大のために周辺国には軍事・経済による高圧的外交が展開され、西側の文化・価値観は徹底的に否定され、党員は清廉潔白を求められ、贅沢や娯楽に制限がかけられ、相互監視と管理が強化される。

こんな思想に基づいて建設される未来中国図は、国際社会にとっても中国人民にとっても大変不幸なものだろう。

習近平独裁の実現性

こうした不幸な中国の未来図を実現させるために、習近平はこれまでの集団指導体制から個人独裁体制に切り替えたいと考えている。

集団指導というかたちでポスト文革世代の若い政治家が指導部に入れば、こうした社会主義時代への逆行現象がうまくいくはずがない、という意見が必ず出てくる。彼らが台頭する前に、習近平は個人独裁体制を確立したい。

その方法の一つが、党主席制度の復活、政治局常務委員会制度の解体だといわれている。第19回党大会では見送られたが、習近平としては次の5年の間で、本気で党主席制度復活を狙っていくことだろう。

現行の総書記と党主席はどう違うのか。政治局常務委員会制度は1928年から続くシステムである。また、政治局および政治局常務委員会を招集する党首の役割が総書記という役職になる。総書記の権限が明確化し、政治局常務委員会が寡頭独裁としての強い機能を持つのは鄧小平時代以降である。

一方、党主席職はこの政治局常務委員会制度とは別に、党中央における最高職位として1945年から1982年まで設置されていた。1945年から1976年までこの地位にあり、この地位のまま死去したのが毛沢東である。毛沢東が指名したといわれる華国鋒《かこくほう》がこの地位を継ぐも、実力不足の華国鋒には党主席としての絶対権限は与えられず、1980年に復活した総書記職についた胡耀邦に、政治の実権が移されていく。

鄧小平から権力を剝奪《はくだつ》された華国鋒は1981年に党主席職を辞職、総書記の胡耀邦が兼務というかたちでこれを受け継ぐが、1982年には党主席職は廃止されるのである。

党主席職を創設したのは、毛沢東が党の最終議決権をもつためである。それまでは政治局が重要な政治決定を行い、それに基づいて党中央書記処が党の日常活動を処理することになっていた。毛沢東は1943年に権力掌握の一歩として党中央書記処主席という職位を創設しそれに自分が就き、その後、1945年に党中央委員会主席が新たに設置され、中央書記処主席職の両方を毛沢東が兼務することで、党中央委員会主席が党の最終議決権を握るシステムが出来上がった。

つまり、党主席職は毛沢東が総書記および政治局の機能を超えて議決権を握り、独裁体制を打ち立てるためにつくったシステムだった。そして毛沢東死後、このシステムを実力不足の華国鋒が受け継いだがそれは機能せず、再び総書記および政治局制度が党の最終意思決定システムに戻る。

鄧小平は党主席にも総書記にもならなかったが、強力な実力とカリスマ性によって、強い影響力をもち、党の権力を分散し、多数派によって路線や政策を決定していくシステムを形成していく。華国鋒が失脚したあとは、自分が党中央軍事委員会主席、胡耀邦が総書記、趙紫陽が首相にと権限を分散し、いわゆるトロイカ体制を確立。

また1980年から81年にかけての四人組裁判で、政治局常務委員の張春橋を含む文革主導グループの四人への死刑判決を回避し、その後「刑不上常委」（政治局常務委員の罪を問わない）の不文律をつくったといわれる。最高指導部が最高指導部を裁くことはすなわち党の分裂を生むという懸念からだった。

その後、トロイカ体制の三巨頭、鄧小平、胡耀邦、趙紫陽の間で路線をめぐる対立と男の嫉妬が入り交じったような権力闘争が発生、そこに国内外の民主化運動の潮流があわさり1989年の天安門事件が起きるわけだ。

天安門事件は一般に、民主化を求める学生たちが、自由化路線を急速に進めすぎて鄧小平と対立して失脚した元総書記胡耀邦の死を惜しんで追悼集会を開いたのが大規模抗議活動に発展、鄧小平がこれを政治動乱として武力弾圧したというふうに理解されるが、その背景には、鄧小平と胡耀邦の政治路線対立、趙紫陽の権力欲などが微妙に絡んでいる。

鄧小平が作った権力闘争を起こさないためのシステム

こうした一党体制の存続を揺るがすような権力闘争を再び起こさないために、鄧小平は総書記と、国家主席と党中央軍事委員会主席の地位を一人に兼務させる一方、その役割を非力な江沢民に与えた。国家主席職は1975年、毛沢東の提案で廃止されたのち、1982年に復活したが、このときは政治権限のほとんどない名誉職のようなものだった。だが、天安門事件で楊尚昆が国家主席名義で戒厳令を発令したこともあって、国家主席職の職権が広がった。

江沢民が非力なぶん、政治局常務委員会の権力は増し、いわゆる寡頭独裁のスタイルが安定していく。さらに、江沢民の次の総書記・胡錦濤までを、鄧小平という総書記も政治局常務委員の権限もはるかに超えた強人長老が指名したことにより、当面、最高指導部がつぶしあうような権力闘争を回避できる建て前もできた。

一方、この寡頭独裁スタイルは、最終的には総書記の一票も他の政治局常務委員の一票も重さが同じであり、多数派工作がより重要になってくる。公然とトップがつぶしあうような激しい権力闘争はさけられても、水面下のより陰湿な争い、陰謀は一層激しくなった。また、かつての権力闘争はイデオロギー問題（修正主義か否か）という路線対立を軸に展開されていたが、鄧小平の改革開放路線が極めて安定したかたちで推進されたので、権力闘争の争点は汚職・腐敗問題へとシフトしていった。

党主席制度を復活させたい習近平

毛沢東に次ぐ強人政治家・鄧小平が作り上げたこの共産党秩序のシステムについて、鄧小平が死去して20年たった今、鄧小平の指名で総書記の座についたわけでもない習近平は、これを打破して、再び党主席制度を復活させて、自分自身が議決権、あるいは否決権をもつ新しいシステムを確立したいともくろんでいるわけだ。そして願わくは政治局常務委員会を解散させ、党中央政治および中国の政策決定を自分で仕切りたい。

この実現性をどのくらいとみるか。私は今の段階では五分五分だと思っている。党主席制度の復活を許すことは、習近平の個人独裁を許すということだが、すでに習近平が共産党の核心的地位にあることは、第19回党大会で確認された。では核心的地位とはどのくらいのものか。たとえば政治局常務委員会の7人のうち4人が習近平の意見に反対であったとしても、習近平の意思通りの決定ができるのか。これについて、習近平の政策にかかわるあるシンクタンクの学者は、習近平はすでに多数決で決まったことを僅差なら覆すだけの実権を掌握している、と指摘する。核心的地位とはそういうものである、と。

となると、習近平による党主席制度の復活は十分可能性があるし、その党主席の権力が毛沢東ほどまでいかなくとも、ある程度の威力は発揮するのかもしれない。

いや、党主席の地位とは、そんな簡単なものではない、という意見もある。そういう意見の根拠は、「習近平は解放軍を掌握しきれていない」というものである。党主席の実権を裏付けるのは、軍の忠誠と信頼を勝ち得ているか、にかかっている。それが共産党政治の本質だからだ。華国鋒が毛沢東から後継者指名を受け、党主席の地位についても失脚した最大の理由は軍の掌握ができていなかったからだ。

習近平は2015年暮れあたりから自分を党の〝核心〟と呼ばせる習核心キャンペーンを展開していたが、2017年の6月30日に、解放軍香港駐留部隊駐留20周年記念においての閲兵式と、7月30日の内モンゴル自治区朱日和訓練基地での建軍90周年記念の閲兵式において、兵士たちに、従来の「首長」（軍内における司令官に対する呼称）ではなく「主席」と呼ばせたのも、軍に自分が党主席であるということをアピールする必要があったからだろう。

特に建軍記念日（8月1日）にあわせた閲兵式を行った例はこれまでなく、また任期5年の間の3回目の閲兵式という点でも、習近平が特別、解放軍への影響力を発揮したい、という考えなのは、事実だろう。

となると習近平が鄧小平の作った集団指導体制を破壊し、党主席制度を復活させ、個人独裁体制の道を切り開くには、軍の掌握ができているかどうか、ということが大きなポイントになる。

習近平の軍権掌握はまだ不完全である

結論から言えば、私は習近平の軍権掌握はまだ不完全であると考えている。確かに中央軍事委員会の人事は習近平の意向を強く反映したものになり、習近平の政敵にあたる軍幹部は次々排除されている。そのすさまじさは第三章で述べたとおりである。

また軍制改革により、軍の利権の温床であった陸軍の影響力を削ぎ、特に七大軍区を解体して五大戦区に編制したことで、習近平が排除した軍長老の徐才厚派閥の温床であった旧瀋陽軍区の影響力を削ごうとした。

しかしながら、これは習近平の思惑どおりにはならなかった。習近平の思惑では、新たな戦区制度は、東南西北の四大戦区に分け、習近平に比較的忠実な旧北京軍区が旧瀋陽軍区を併呑する形で北部戦区にまとめようとしたが、軍部の強い抵抗にあって、中部戦区を創り五大戦区制になってしまった。つまり旧北京軍区は中部戦区となり、旧瀋陽軍区は北部戦区でほとんどそのままの影響力を維持できることになった。

話は少しそれるが、旧瀋陽軍区は北朝鮮と厚い利権関係があり、北朝鮮の外貨稼ぎの覚醒剤・偽札の中国持ち込みも軍の関与が疑われている。北朝鮮の核兵器・ミサイル開発に関しても軍や関連の企業が絡んでいることは公然の秘密だった。以前は、この北朝鮮と旧瀋陽軍区の利権につながる政治家が政治局常務委員会に必ずおり、最高指導部で北朝鮮の問題や旧瀋陽軍区の問題が議論されるときには、必ず彼らの擁護に立ってきた。

だが習近平政権2期目では、この北朝鮮利権グループは完全に引退してしまっている。その意味で、この後の5年で中国の北朝鮮や旧瀋陽軍区への姿勢が変わる可能性は小さくない。

軍制改革、粛清にも似た激しい反腐敗キャンペーンと人事異動の結果、習近平の子飼いの部下、つまりアモイ集団軍出身者らが重要ポジションにもついたし、また司令系統も四大総部として強い権限をもっていた総参謀部から、習近平が統括する中央軍事委員会連合参謀部に改組された。客観的には習近平の軍権掌握は着実に進み、人事面からいっても習近平の私兵化が進んだというふうに見える。

しかしながら、それでも軍権を掌握できている、という自信がおそらく習近平にもない。習近平を不安にさせる要素の一つは、退役軍人デモの規模の大きさと頻発の度合いである。全国で退役軍人デモは報道されているよりも実は頻発している。

習近平政権の軍制改革の一環として30万人の軍人がリストラされたが、そのリストラは単純な人員削減だけでなく、軍の徐才厚・郭伯雄派閥を排除するための権力闘争の面もあった。だからヒラの兵士だけでなく、半分以上が将官クラスのリストラであり、その退役後の保障・福利厚生の要求について、退役軍人側と政府側の間に大きな齟齬《そご》があった。

この退役軍人1万人以上が、北京の国防部などが入る「八一大楼」ビル前に集まり、待遇改善などを掲げてデモを行ったことが大々的に報じられたのは2016年10月だが、このデモだけでなく、これまでに北京で少なくとも4回の退役軍人デモが発生しているという。今年に入っても、北京や湖南省長沙などで数百人規模の退役軍人デモが報道されている。

この退役軍人デモが普通のデモと違うのは、デモ参加者が元軍人でしかもそれなりの地位と影響力があった人間である点。しかも、解放軍内でこの退役軍人デモに同情的で支援している勢力がある点。

習近平は、このデモをひどく恐れており、他のデモのように武力で強制排除せずに、代表者と条件を話し合って譲歩姿勢をみせた。つまり、単なる退役者のデモではなく、これは軍部の世論を代表したデモであり、軍幹部がいくら習近平派になっても、軍の内部では習近平の軍制改革ややり方に不満がくすぶっているということなのだ。

なので習近平は第19回党大会で「退役軍人管理保障機構」の創設を打ち出している。習近平が第19回党大会で打ち出した四つの新設機構・組織の一つである。ちなみに四つの新設機構はこの退役軍人管理保障機構のほかに、全面的な法に基づく国家統治中央指導グループ、国有自然資源資産管理・自然生態監督管理機構、国家・省・市・県監察委員会がある。

退役軍人管理保障機構の創設は、習近平政権の強軍化路線にとって、退役軍人問題がそれだけ大きい障害となっているということの裏返しでもある。しかしながら、実は退役軍人問題は今回リストラされた30万人の問題だけではない。退役軍人の総数は解放軍の発表では５７００万人、その多くが再就職難、貧困問題に直面している。

これまでは軍の利権・派閥がある程度受け皿になり、こうした退役軍人の不満をコントロールしてきたわけだが、習近平は「反腐敗キャンペーン」で、軍の汚職・利権を徹底的につぶしており、不満の矛先が党・政府に向かいかねない状況なのだ。この対応として退役軍人管理保障機構を創設し、退役軍人の不満をかわそうとしているわけだが、対象の多さもあり、うまくいくかはまだわからない。

習近平が独裁体制を確立するためには、退役軍人の不満に代表される軍部の不満、特に利権を奪われた陸軍の不満にどう対処するかが大きな鍵となるだろう。

そうしてもう一つ、軍内の不満を吹き飛ばし、軍権を掌握する方法がある。実際に戦争を起こすこと、あるいは戦争するかもしれないという緊張感を軍内に生むことである。このテーマについては第五章に譲ることにしよう。

習近平経済の危うさ

習近平独裁が確立するか挫折するか、その一番大きな鍵は軍権掌握だが、次に重要なのは経済であり、経済の成否はすなわち大衆の暮らしに夢や希望を与えられるか否か、ということになる。鄧小平時代の共産党が執政党としてのレジティマシー（正統性）を維持できた最大の要因は、中国に高度経済成長をもたらしたことで、人々に自分もいつか豊かな暮らしができる、という夢を与えたからだ。

だが胡錦濤政権時代になると、その夢を裏切られる人たちが中国14億人の半分以上におよぶということがわかってきた。鄧小平時代は、一部の人たちを豊かにし、また共産党を豊かにしたが、農村戸籍の低層の労働者たちは改革開放の恩恵にあずかることができず、搾取の対象となり、中国社会・経済を党と豊かな人たち（中産階級）と貧しい農村戸籍者・労働者に二元化してしまい、深刻な対立を生んだのだった。

では習近平独裁はその対立を解消しうるのだろうか。

鄧小平は党に挑戦しなければ何をしてもよい、という姿勢で人々に金儲けをする自由を与えた。毛沢東時代よりもずっと自由であったことが、人々を金儲けに駆り立て、高度経済成長につながったのだ。

だが、習近平路線は、経済発展最優先の姿勢から、強軍化や覇権国家の夢を人民と共有することにレジティマシーを求めようとしている。人々にいったん与えられた金儲けする自由を制限し、党の権力と資本家を切り離し、資本家に徹底した党への忠誠を求めようとしている。

これは結果的に、中国が経済抑制時代に突入するということであり、その傾向は習近平政権第1期目の「ニューノーマル（新常態）宣言」でも強く打ち出された。これは高度経済成長から中・低速経済成長への転換をいったものだが、率直にいえば、これから経済成長はどんどん失速し、経済が悪い状況が中国の普通の状態である、ということである。

習近平の経済路線の特徴は、経済発展の推進力である、人々の金持ちになりたいという純粋な欲望に制限をかけ始めたことだ。それは反腐敗キャンペーンであり、八項規定であり、倹約令である。個人の欲望よりも共産党員としての規律の優先を要請し、企業に対しても企業利益よりも党の戦略を優先させるように誓わせようとしている。

そうなれば、自然と経済活動は失速する。わざと経済を悪くしようという意図はなくとも、習近平を核心とする党が経済全般に干渉してくれば、少なくとも自由な市場原理で動く国際経済との矛盾は大きくなり、習近平がよほど天才的経済センス、手腕をもっていないかぎり、中国経済がハードランディングする確率は高くなる。

そして習近平に天才的経済センスや手腕がないことは、いくつかのマクロ政策の失敗からもあきらかだ。これは単なる経済センスという問題だけでなく、経済政策ですら権力闘争の道具となる共産党体制の問題という面もある。

上海証券市場の株価大暴落

そのよい例が、２０１５年夏におきた上海証券市場の「株災」とよばれる大暴落。２０１４年から習近平は、中国経済の牽引力として株式に注目し、いくつかの法整備や政策変更などによって、上海株式市場の株高を誘導した。この結果、２０１４年５月から２０１５年５月にかけて上海総合指数は２・５倍を超える急上昇をみた。

だが、２０１５年５月28日から、この官製株バブルは崩壊する。あまりに不条理な株価上昇を見て、投資家たちが空売りを仕掛けたからだ。この空売りは、投資家たちの個人利益追求のための行為ともいえるし、また投資家の多くが上海閥、江沢民派に連なる企業家たちだったので権力闘争の面もささやかれた。

６月半ばからわずか２週間でおよそ28％の大暴落が起き、習近平の誘導にのって貯金を高レバレッジで市場にぶち込んでいた庶民投資家は夜逃げしたり自殺に追い込まれたり、阿鼻叫喚《あびきょうかん》のありさまとなった。結局、この株価暴落は、党の命令によって証券会社21社が１２００億元の資金を市場に投入し株の買い支えを行うと同時に、「悪意ある空売り」をした投資家たちの逮捕という、強権発動で食い止められた。

しかし、こうした無茶な株高誘導にしても株価暴落時の乱暴な市場介入手法にしても、自由主義経済においてはあり得ない事態であり、中国の株式市場のでたらめぶりは全世界が震撼するレベルだった。そもそも、空売りに「悪意」も「善意」もない。利益が出るか出ないかという投資家の行動原理が、党によって悪意と善意に振り分けられる恐ろしい市場に、海外の正常な投資家たちが手を出そうという気にはならないだろう。

だが、この一件に懲りることなく、習近平は経済への介入をさらに進めていく。

その1年後の２０１７年６月にも、株価大暴落が起きる。これは〝紅色企業〟とよばれる、革命に参加した主要ファミリーが経営や資本にかかわっている大民営企業や政治的パトロンの庇護をうけて急成長した〝政商〟数社の株価が、政治的要因で一斉に暴落したという点で、一つの事件として報道された。

まず、２０１７年６月13日、中国に名をとどろかす紅色企業・安邦保険集団のトップにして、鄧小平の孫娘婿である呉小暉《ごしょうき》が失脚し、これに伴い安邦株が大暴落した。呉小暉は９日に民生銀行から融資を受けた１０００億元を横領した疑いで、身柄を拘束された。

続いて６月22日には、飛ぶ鳥を落とす勢いであった政商・王健林《おうけんりん》が率いる大連万達《ワンダ》集団の株価も暴落。22日午前中だけで、万達集団の債券が投げ売り状態になり、２％超えの下落。深圳市場の映画関連最大手上場企業である万達電影院線は９・９％の下げ止まりとなった。この日蒸発した、王健林の資産は40億元にのぼった。

これに連動する形で、中国のバフェットの異名をとる投資家・郭広昌《かくこうしょう》率いる復星集団《フォースングループ》の株価が暴落。「星野リゾートトマム」買収で日本でも知られるようになった郭広昌は２０１５年12月に失踪（上海市公安当局に贈賄容疑で身柄拘束されていたらしい）したが、無事復帰していたところだった。

中国経済の雄・万達、復星の株価暴落は、あまりに突然であり、6月22日は〝魔の木曜日〟と呼ばれた。その前に、米国に逃亡した闇の政商・郭文貴の暴露発言で、王岐山との癒着が噂された海航集団（南海航空集団）の株価も暴落している。

いずれも政治的な強大な背景があり、その株価安定は鉄板と思われていた〝紅色資本〟であり、またいずれも海外のM＆Aに積極的であり、海外に巨額の資本を所有し、いずれも「ホワイト・グローブ」と呼ばれる、共産党中央の官僚・政治家の資金洗浄などを請け負っていた政商たちが率いる大企業だった。

中国の〝政商〟とは一般に、政権や力のある政治家に近づき情報や便宜を得る代わりに、政治家や共産党に富、上納金をもたらす資本家、企業家のことだ。彼らは、いち早く政策情報を取得したり株式市場の動きを予測することで、ビジネスチャンスをものにしたり、リスクを回避するための手を打ったりすることができる。

またパトロンとなってくれる官僚・政治家たちのために、資金移動や資金洗浄をしたりもする。そういう癒着関係にありながら、米国などの軍産コングロマリットと違う点は、企業側は政治に口出しすることはなく、また共産党政治に挑戦することもない。癒着はするが政治に無関心であり続けてきたのが特徴だ。

だが、この一連の事件は、その前にやはり政商であった大富豪・蕭建華が香港で拉致され行方不明（北京に秘密裡に拘束されているという噂）となる事件とともに、〝経済政変である〟

とささやかれた。

つまり上海株災以降、株式市場を舞台にした一連の件は、習近平の金融・保険業界の整理整頓の動きと連動し、政治に無関心な政商たちが間接的に権力に挑戦した権力闘争の面があるということだ。

2017年4月以降、中国保険監督管理委員会主席（閣僚級）の項俊波が失脚し、その直後、習近平は政治局会議を招集し、金融市場の活性化と安定を求める通達を出した。この通達は六つの具体的項目があったが、その六番目は「党の金融業務に対する指導を強化し、党中央委員会による集中・統一化された指導を堅持し、党が主導する金融業務の体制メカニズムを改善し、金融方面の政策決定の科学化レベルを引き上げる」。

つまり金融市場への党の積極介入、積極管理の通達だった。同年5月に入ると、中国保険監督管理委員会は安邦保険集団傘下の安邦人寿保険株式会社に対して、三ヵ月の新規製品の発売禁止処分を決定。

これは安邦人寿の発売する〝安享5号〟というハイリスク・ユニバーサルライフ保険が、規制・監督を逃れて市場秩序を乱しているなど、2種類の保険商品に違反が見られたことに対する処罰ということになっている。だが、本当の狙いは、キャピタルフライト（海外への資本逃避）を防止しようとする習近平の意向を顧みず、海外資産買収にいそしむ怖いもの知らずの鄧小平ファミリー企業を見せしめ的に締め付けたのではないか、という見方もあった。このころから呉小暉失脚の噂が流れはじめた。そして6月についに呉小暉失脚が確定。そして魔の木曜日事件という流れになる。

ちなみに、なぜ万達の債券投げ売りが起こったのかというと、直接のきっかけは、インターネット上で、中国建設銀行など万達の主要取引銀行に対して、当局から保有する債券をすべて売却するよう通達があったという情報が流れたからだ。万達サイドは、すぐに「銀行側に問い合わせたが、そういう通達は出ていない」として、ネット情報がデマであると火消しにまわったが、王健林のレームダックはそのころからすでに始まっていたといえる。

万達集団がハリウッド進出を目指して、無謀ともいえるような米映画関連企業の買収を行い、銀行に多額の借入金があり、財務状況が悪化していることはかねてから欧米のコンサルタント企業からも指摘されていた。また、米国のエンタメ業界に入れ込む姿勢は、一つ間違うと、中国独自のソフトパワー政策を掲げる習近平の不興を買う可能性もあった。

王健林は軍人出身であり、その父親も長征参加の革命世代で、習近平ファミリーにも株を融通していたことは知られており、王健林の積極的なハリウッド買収や海外スポーツ関連の投資、買収などは習近平の意向に沿っているとも思われていた。

復星国際株は22日午後、8・5%という創業以来最大の暴落を経験。やはりネットの噂が引き金だった。このネットの噂の背景をもう少し説明すれば、中国銀行監督管理委員会は6月半ば、大手銀行に対して、万達、安邦、海航、復星、浙江羅森などの〝政商〟と呼ばれる民営企業を含む数社に対するリスク分析を行うよう要請、特に近年の猛烈な海外投資の比率などが調査対象だといわれた。こうした当局の姿勢が噂となって、この五大企業は〝危ない〟という心理が市場にはすでにあった。

２０１７年６月上旬にルパート・フーゲワーフ研究院が発表した「２０１７年中国企業の越境Ｍ＆Ａ報告」によれば、中国企業が２０１６年に海外で行った投資及びＭ＆Ａは金額にして前年比１５０％増、買収先は米国が一番人気で、香港、ドイツと続いているという。海外資産買収額が多いのは海航、安邦、万達の順だ。こうした政商たちの海外資産買収は、いずれ破たんするとみられる中国経済からの資金逃亡だという見方があり、習近平はこれを共産党への背任行為と見ていたフシがある。

既得権益集団への警告

６月20日、中国共産党メディアの微信《ウィーチャット》公式アカウント「学習小組」が、習近平の発言を流していたのだが、それによると習近平は「いつの時代も権力を掌握しているのは社会の少数であり、権力の周辺には既得利益集団が集まっている。これら既得利益集団は〝権力中心〟に接近し、資源を独り占めし、巨大な利益を得ている。彼らは権貴階層かもしれないし、ホワイト・グローブかもしれない。……近水楼台先得月（水辺の建物では月がよりよく見える＝権力に近いと得をする）〝権力が金銭に変わるゲーム〟というルールを許してはならない」と語った。習近平がわざわざホワイト・グローブに言及したことが、話題になった。

これを多くの人たちが、習近平のホワイト・グローブ、政商に対する警告、宣戦布告と受け取った。そう考えると、呉小暉失脚も、万達、復星の株価暴落（あるいは揺さぶり）も、習近平のホワイト・グローブや既得権益層に対する攻撃、というふうに理解できるだろう。

2015年の株災を振り返ってみると、江沢民、曾慶紅、劉雲山ら上海閥の共産党金融機関のトップや、蕭建華、呉小暉ら投資家が関与し、習近平から経済・金融の操縦桿を奪おうという狙いだった、といえる。目的は金融危機を通じての株民（個人投資家）の財産一掃、実体経済の悪化、大規模失業といった経済混乱を引き起こし、習近平指導部への経済界や大衆の恨みを引き起こして総書記の座から引きずり降ろすことであった、という説もある。

構図としては上海閥 vs.習近平だが、政商たちは既得権益を守るため、習近平への挑戦に加担した。

習近平は2017年に入って、そうした動きに反撃すべく、保険業界のトップの入れ替えを行い、金融市場への介入および管理強化を通達し、江沢民派や曾慶紅ら太子党の牛耳る投資企業集団をターゲットに揺さぶりを仕掛けたのかもしれない。

彼らにつながる紅色企業家・呉小暉が横領したといわれる、民生銀行から借りた1000億元というのは、まさしく2015年の株災を引き起こした株の空売買に投入された、という話もある。

亡命華人学者の何清漣の言葉を借りれば、中国の存在する数百に及ぶ紅色企業は、鄧小平、江沢民、胡錦濤の統治が習近平に残した政治的遺産だ。共産党は胡錦濤政権までは、資本と党を結びつける紅色企業に頼ることで、共産党の執政党としての求心力を経済成長に求めることができた。

だが習近平時代になって、この経済成長は限界を迎え、党の執政党としての権威や求心力に利用できなくなってきた。反腐敗キャンペーンの狙いは権力闘争の面のほか、党内に跋扈《ばっこ》していた資本家を追い出す方向への転換とみれば、これは習近平路線の象徴的事件とみることができよう。

党内の資本家たちの代表は、太子党。となれば、習近平自身が習仲勲という革命世代の建国元老の息子であり太子党サラブレッドであるはずなのだが、ついに幼なじみや親戚同然の太子党ファミリー企業家を敵とみなす政策を取り始めた、ということになる。

だが、こうした習近平の激しい株価コントロール、企業家コントロールの姿勢は、投資家・企業家の金儲けに対する積極的姿勢を委縮させただけでなく、海外の投資家や中小企業家らにとっても、強烈な警告となった。中国の市場は党の意思で左右され、しかもその意思は、必ずしも経済成長・経済発展を第一目標としていない、ということである。

“企業の姓は党”キャンペーン

この経済における習近平路線をさらにはっきり示すのは、「企業の姓は党」（企業は共産党に忠誠を誓う）キャンペーンだ。

企業は、共産党の指導に従うことを徹底する、ということであり習近平政権は、2017年までに約3200社の大企業に対し、党の指導に企業が従うことを条文に盛り込んだ定款に変更するよう通達を出していた。これには香港上場企業も外資との合弁企業も含まれており、また民営企業も追随する方向で動いている。

党組織は国有・公有企業ではすでに当たり前だったが、習近平路線では民営企業もすべて党組織を作るよう求められている。これは民営企業の国有化、というふうに見られている。

ようするに、中国における企業はすべて自社利益よりも党の利益を優先すべきであり、投資案件も株の売買も人事も党の利益を最優先して決定される、ということだ。実際、万達集団や復星国際などの民営大手が、勝手な外資購入を行ったとして銀行融資を止められる懲罰を受けた。今後、国有、民営、合弁、上場企業を問わず、外国投資は党が「戦略的」と判断したものしか許されなくなるという。

この「戦略的」という判断は、企業にとっての経営戦略の意味ではなく、国家戦略、包み隠さずいえば対外拡張戦略、軍事国防戦略を指す。「中華民族の偉大なる復興の中国の夢」を実現するために必要ならば党としてGOサインを出すが、それが一企業の利益追求だけならば必ずしも許されるわけではない。

また習近平政権が推し進める「国有企業改革」も、2012年の段階で国際社会が予想したものとは百八十度違う。一般に国有企業改革とは「民進国退」、国有企業の民営化による立て直しだと誰もが思う。

実際、習近平政権が本格始動するまえに李克強が設計していた経済政策・リコノミクスでは、実質赤字倒産状態の国有ゾンビ企業をきっちり倒産させて、生き残るべき企業は民営化によって、外資なども入れて香港市場に上場して経営を立て直すなどといった真っ当な国有企業改革策を打ち出していた。その例として国務院系コングロマリットのCITICの香港上場が、一つの国有企業改革モデルと期待されていた。

だがCITICモデルはその後続かず、習近平が主導する国有企業改革は、高速鉄道メーカーの旧中国南車と旧中国北車の合併や中国五鉱集団と中国冶金科工集団の合併、中国遠洋運輸集団（COSCO）と中国海運集団（チャイナ・シッピング）の合併、宝鋼集団と武漢鋼鉄集団の合併のように、大型国有企業の合併が中心だ。有力国有企業の合併を進め、大規模化し、その経営から人事に至るまで党がコントロールし、その大規模国有企業を通じて市場を党がコントロールする方向に変わったのだ。

2013年秋の三中全会にリコノミクス（李克強が主導する経済政策）として打ち出された経済政策は、「簡政放権（行政手続き簡素化と権限委譲）」「市場機能」といったキーワードで説明されていたが、今やリコノミクスは雲散霧消し、習近平が目指すのは企業の党への忠誠と市場の支配となった。

こうした習近平の経済支配路線に恐れをなす私営企業家たちはますます資産の対外移転と海外脱出を画策するのだが、それに対して習近平政権側もより厳しい監視の目を光らせている。

習近平に近い政商として一時は肩で風を切っていた王健林は、8月25日に家族とともにプライベートジェットでロンドンに出発しようとしたところを、当局によって阻止されたと一部メディアが報じて、王健林率いる万達株がまたもや大暴落した。

万達集団は、この報道をガセだと否定しているが、王健林に対して中国出国禁止命令がでている、という噂はたえない。ちなみに王健林率いる万達集団は銀行からの融資が差し止められているほか、2017年7月に中国国内の不動産資産9割以上を売却。ほとんど投げ売り状態なので、習近平が新たに寵愛する政商に譲ったとか、逃亡準備のために処分したとかさまざまな憶測が飛び交った。いずれにしろ王健林の足元が揺らいでいるという見方は変わらない。

このように中国の経済成長の象徴のような存在であった民営企業家たちが次々とその自由を奪われ、2016年まで習近平の政商といわれ、絶頂にあった者ですら、いつ失脚させられるかわからないのが、今の習近平路線である。

アマゾンに匹敵する勢いを誇るEC物流企業のアリババを率いる馬雲（ジャック・マー）や、今最も勢いにのっている中国IT企業の雄である騰訊の馬化騰（ポニー・マー）も、来年にはどうなっているかわからない。

アリババには日本のYahooソフトバンクはじめ外資も多く入っているが、中国企業はみな党に忠誠を誓わされるのだから、仮にアリババが中国の軍事産業にその資本や技術や資源を差し出すように求められたら、彼らは株主の利益を優先するよりも党の戦略を優先することを求められるのだ。

こうした不安定な環境で、企業が経済活動に専念して利益を上げ、中国経済を牽引し続けることはかなり困難だろう。

一帯一路が目指す野望

習近平が打ち出す経済政策の特徴は、経済上の利益よりも国家の戦略性を優先することだが、そうした特徴を最も体現しているのが新シルクロード経済圏構想・一帯一路《いったいいちろ》戦略である。これは党規約に書き込まれたので、途中で投げ出したり棚上げにしたりすることはできなくなってしまった。

一帯一路とは、陸のシルクロードと海のシルクロード沿線の約60ヵ国を中国主導で一つの経済圏とするという大風呂敷構想のことだ。具体的にいえば陸のシルクロードとは、北京から北西部を通りカザフスタン、ウズベキスタン、イラン、トルコ、ギリシャ経由でロシアやヨーロッパにまでつながるルート、海のシルクロードは南シナ海からインド洋を抜けてケニア、アフリカ大陸に至る海洋ルート。2013年9月から10月に習近平が中央アジアおよび東南アジアを訪問した際に提案した。

この二つのルートにまたがる国々に、中国主導で交通インフラ建設などを行うことで、中国国内で過剰生産に陥っている鉄鋼、コンクリートなどを消費し、建設資材製造の国有企業を救済すると同時に、中国企業の対外進出の足掛かりとしようというもの。

この資金調達のためにＡＩＩＢ（アジアインフラ投資銀行）やシルクロード基金といった国際金融機関を中国主導で創設し、特にＡＩＩＢは英国など欧州先進国を含む70ヵ国以上が参加。日本や米国は２０１７年時点で参加を見送っているが、同年６月、一応、ムーディーズなどから最高格付け３Ａを得ている。

２０１７年５月14～15日、一帯一路をテーマとした初の国際協力サミットが北京で行われたのは、党大会前に、この習近平が打ち出した国際経済圏構想を国内向けにも思いきり喧伝して、権力闘争を有利に運びたいという思惑であったろう。というのも実際のところ、一帯一路は国内企業にはあまり評判がよくないのだ。

一帯一路の中心プロジェクトは、中国を新疆《しんきょう》ウイグル自治区から中央アジアを通ってヨーロッパまで陸路で結ぶ、交通インフラ建設だ。だが普通に考えればわかることだが、新疆から中央アジアを通ってヨーロッパまでをつなぐ高速鉄道にしても高速道路にしても、建設費、維持費にかかる費用対効果からして利益が出るようなものではない。

実際、資金も思うように集まっておらず、起工式が行われたものの、ほとんど建設が進んでいないラオス高速鉄道建設プロジェクトのような例も多々ある。

だがこのプロジェクトは党是なので、中国政府は中国建設銀行はじめ中国四大銀行に対し、一行が最低でも１００億ドルの融資をするよう強制した。四大銀行が抱える不良債権は表向き減少しているが、じつのところはバッドバンクに不良債権を分離しているだけであり、中国の金融システムの不良債権は２０１７年末までに７・６兆ドル、不良債権比率はすでに34％という統計もある。

一帯一路沿線国には貧困途上国が多く、しかも一帯一路の陸路交通インフラはどう考えても黒字経営にはならないのだから、この融資の回収の見込みはゼロ、すでに不良債権確定だ。中国国内の高速鉄道ですら黒字経営は上海―北京間のみである。

当事国に返すことのできない巨額の資金を貸し付け、無理をして建設された交通インフラは、実際のところ利用者にとっても使い勝手が悪い。２０１１年から開通している中欧直通貨物列車（中欧班列）は、シルクロード構想を後押しするために、運行数が急増されており、中国国内の製造業は欧州向けの製品輸出に関しては、この中欧班列の利用を党中央から義務化されている。

欧州までの陸路交通の需要があることを国内外にアピールするためだ。それを沿海部の浙江省の義烏《ぎう》の雑貨工場にも押し付ける。義烏からならば、日数的にも費用的にも海洋ルートで輸出するほうが圧倒的に経済効率がよいのだが、利用サイドの経済効率など一切考慮に入れられていない。なぜなら、一帯一路は経済構想と銘打ってはいるが、実際のところは軍事戦略上の意味のほうが大きいからだ。

一帯一路の本質は、習近平のスローガンでもある「中国の夢」、つまり「中華民族の偉大なる復興」を実現するための地政学的戦略構想であり、中央アジアからヨーロッパ、東南アジアからアフリカに至る一帯を中国の影響力下におき、将来的に米国に対抗できる、あるいはしのぐ大国の夢を実現するための重要な布石である。

内陸部の交通インフラ建設は、海洋封鎖された場合の軍事輸送ルートや資源輸送ルートを確保するという目的と同時に、軍事要衝地における中国のプレゼンスを強化し、米国プレゼンス（あるいはロシアプレゼンス）を排除する狙いもある。

海のシルクロードは、もともと「真珠の首飾り」戦略と呼ばれる中国の海上軍事戦略をなぞるかたちで進められており、南シナ海、マラッカ海峡、インド洋、ペルシャ湾までをつなぐ要衝に港湾、空港を整備し、いざというときに中国の軍艦や軍用機が利用できるようにすることが目的だ。

それを国際援助だとか、途上国支援という建て前で、ＡＩＩＢなど国際金融機関を通じて国際社会からかき集めた資金でやろうとするのが、中国の厚かましいところである。

だが、興味深いことに、そういう中国と組むことで利益を見込もうとする国も意外と多いことが、ＡＩＩＢ加盟国の多さをみてもわかるだろう。中国国内のシンクタンクのリポートをみても、一帯一路の多くのプロジェクトにおいて利益を見込めないと失敗を予測する指摘は多い。そういう予測を出したシンクタンクに、ＣＥＯが失脚させられた安邦保険集団傘下のものがあったので、安邦に対する習近平の執拗な嫌がらせは、習近平の機嫌を損ねるようなリポートとも関係があるのかなと勘ぐったりもする。だが、習近平自身に、もともと一帯一路が経済の牽引力になるとか、企業利益や当事国の利益になるといった発想はなかったはずだ。これは経済発展よりも軍事戦略を優先させた構想なのだ。

逆にいえば、一帯一路に中国がのめり込めばのめり込むほど、経済、特に金融システムに内在するリスクは増大し、むしろ中国経済の崩壊を早める一要因になりうるかもしれない。

軍民融合経済の不穏

軍民融合経済戦略にも同様のことがいえる。２０１７年1月、軍民融合発展委員会が設置され、その主任に習近平がおさまった。このことで、中国経済政策の一つの柱が軍民融合経済戦略であることが強く打ち出された。軍民融合とは何か。フェニックステレビの軍事チャンネルが軍民融合について次のように解説している。

「軍民融合とは、国家の運命の大事に影響するものである。軍民融合がうまくできなければ、軍備が落ちぶれるだけでなく、国家経済が破たんする」

「日本には軍産企業は表向きない。しかし、日本の軍需産業は極めて強大だ。そうりゅう型潜水艦、10式タンク、いずも型護衛艦、これらの武器をだれが作っているのか。中国人の多くは知らないだろうが、日本の大企業には、いずれも軍工部門があるのだ。三菱、富士、東芝、住友、ダイキン、リコー……。これらはすべて民営企業であり、武器を生産する、日本の特色ある軍民融合である」

「世界の軍事強国で唯一、軍民融合を行ってこなかったのは旧ソ連だ。国家が重工業を担い、採算を考えずに軍事産業を発展させたがために、軍事強国にはなったが、長期的に支えきれず、最終的に国家経済は軍事工業によって破たんさせられたのだ」

「中国の軍事産業は、ずっと旧ソ連モデルで建設されてきた。それが唯一の選択肢だった。だが、旧ソ連の解体が中国の軍事産業発展の在り方に警鐘を鳴らしている。このままでは、国民経済が支えきれないのだ」

「軍民融合は中国国防発展の正確な選択である。軍民融合は中央政治局、政治局常務委員会が直接責任を負うということであり、次にその指揮は習近平がとる」

「李克強首相はかつてこう言った。改革が利益を触発するが、利益の触発は、魂の触発よりも難しい。軍民融合とはつまり改革であり、それには一部の人たちを触発し、軍産企業の利益を生み出さねばならない。軍民融合の難易度は、既得権益者の妨害からくる」

「結論を言えば、未来の中国において、軍民融合は国民経済のスロットルであり、軍隊装備をパワーアップさせ、同時に国有企業改革の道を模索するものである」

戦時国家独占資本主義経済

つまり、軍民融合発展委員会というハイレベルの機構を新設した目的は、軍事建設によって国家経済を支えるという習近平政権の方針を明確にしたということである。軍事建設と経済建設の一体化、軍事ケインズ主義、あるいは、共産党中央を独占体とした戦時国家独占資本主義経済を目指している、といってもいいかもしれない。中国の現状として、軍事・治安維持予算が、けっこう国内経済を圧迫しているようだが、それを解消するのが党中央主導の軍民融合ということだろう。

具体的例をあげれば、2016年8月には、中国航天科技集団など中央軍産企業、大手金融機関など13企業による初の軍民融合産業発展基金を設立している。基金規模は302億元にのぼる。

中国で一番サービスのよい物流企業・順豊エクスプレスは、アジアで最初の民営貨物集散センターを湖北省鄂州《がくしゅう》市に建設する計画だが、これも軍民融合空港建設プロジェクトの一つだ。国防功能を備えた民営空港を建設し、順豊の物流能力を軍事利用していくということである。もちろん順豊にも利便のよい土地を与えてもらえるといったメリットはあるが、これはまるで民営企業の国防動員である。

ちなみに軍民融合企業株は、この委員会設立を受けて軒並みストップ高となった。軍民融合企業は基礎インフラ分野、科学技術・宇宙開発・電信分野、インターネット分野と多岐にわたるが、これら軍民融合関連株が、次のバブル分野、という見方もある。

中国において国防動員は、人民、社会に対する強制義務であるが、株式市場で利益をもたらせば、より積極的に広く軍事費、技術、資源を調達できるようになる。環球時報によれば、米国は軍民融合によって毎年、軍備購入費の2割にあたる300億ドルを節約できているという。

一見すればこれは軍産企業の民営化であり、軍事技術の民生利用促進かと思う人もいるだろうが、実情は民間企業資源の軍事動員という面がある。そもそも、軍民融合概念というものが打ち出されたのは、２０１０年に国防動員法が施行されたときである。

このとき、民間はあらゆる資本、技術、資源、人材を軍に提供する義務が生じるとされ、これを軍民融合と呼んだ。２０１６年秋、国防交通法が成立し、あらゆる交通インフラ、自動車、船舶、航空機は必要に応じて軍に提供する義務が生じることも決めている。要するに軍民融合概念とは民間の軍事徴用をなんとなく、かっこよく言い換えただけであるともいえる。

旧ソ連を反面教師に

興味深いのは、旧ソ連を引き合いに出していることだ。中国が現在直面する最大のリスクの一つは経済崩壊の危機だが、習近平政権としての政策のプライオリティの一番は強軍化だ。米国のトランプ政権が対中政策をどのようにするのか、その方針は流動的だが、強軍化を最上位に掲げる中国は米国に対抗するために、軍拡競争に突入せざるを得ない。

ここで習近平政権が一番懸念しているのは、おそらくかつてのレーガン政権がぶち上げたSDI構想（スターウォーズ構想）によって軍拡競争に引きずり込まれた旧ソ連が、国内経済を疲弊させ財政バランスの矛盾を表面化させてしまったことで政権の足元がゆらぎ、崩壊に追い込まれた歴史の轍を踏むことだろう。

トランプが、政権発足前に中国に対して挑発的な言動を繰り返していたことの真の狙いが、中国から譲歩を引き出すことなのか、それとも中国共産党体制の崩壊をもくろんでいるのか、実のところ中国もはかりかねている。目下、たんなる譲歩を引き出すための駆け引きのようにみえるが、将来的にトランプの態度は変わる可能性はある。

だから、米国が中国を軍拡競争、あるいは紛争に引きずり込み、軍事予算を拡大させることで、経済を破たんさせようと企むならば、中国は軍民融合で対応し、「中国は旧ソ連の轍を踏まない」ということを喧伝しているのだ。これは、トランプ政権に対するメッセージでもあり、中国の軍拡路線が本気であることの宣言でもあろう。

もう一つ興味深い点は、国有企業改革の処方箋として、軍民融合を説明していることだ。国有企業改革について、首相の李克強と国家主席の習近平の間には微妙な路線対立がある。

李克強路線は、国有企業のスリム化、民営化による改革で、政府の関与をできるだけ小さくする方針だ。一方、習近平の目指す国有企業改革は、中小国有企業を大手国有企業に併合していき、その超大手国有企業を党中央が直接指導し、市場に対する党中央のコントロールを強化させていく方向にある。市場の自由化とは逆方向だ。

この路線の対立によって中国の国有企業改革は混乱が生じており、なかなか進まないのだが、面白いのは、解説中で、李克強の軍民融合について「既得権益問題」の発言を引用しつつ、しつこいほど、なぜ軍民融合発展委員会の主任を習近平が担うかを説明している。これは李克強が当初考えていた軍民融合の方向性や国有企業改革が、主導権を習近平に移されることで、その本質が変わってきているということを示唆するものではないだろうか。

李克強は、主に軍事技術の民生利用促進を強調していた。だが、この解説からは、優れた民営企業の技術やサービス、資産を軍事利用することで、民営企業に対する党中央の指導も強化される面が強調されている。

中国の民営企業には優れた技術をもつものが多くある。経営上も成功するのは、国有企業と違って党の干渉が比較的小さく、利益優先、市場原理にのっとった経済活動に専念できる民営企業だ。多くの国有企業の経営がうまくいかない主要な原因は、党の干渉がきつく、経済活動よりも政治的要因で人事やプロジェクト、経営方針が決定されがちだからだ。

とすると、もともと優秀な技術やサービス資源をもつ民営企業を軍事産業に参与させ、あるいは国有軍産企業に融合させ、しかもその指揮を党中央、習近平直属の機関がとるとなると、これは民営企業の国有化の一つの方法となる。そうすると、本来民営企業がもっていた競争力は失われるかもしれない。

しかし、隣国の日本にとって、より重要なのは、中国の軍民融合が経済利益をうまく出すかどうかということではなく、習近平政権が軍拡を本格化させ、軍事主導型経済を方針として掲げた、という点である。国家を挙げての軍民融合の掛け声は、来る戦時を想定した国家動員スキーム始動の合図ではないか。しかも、そこに新たなバブルを期待する人民が集まれば、それが国内の戦争期待ムードにつながりかねない。

群衆路線の挫折・低端人口の排除

金融市場介入の強化、企業への忠誠強要、一帯一路、軍民融合、習近平政権下で打ち出されている経済の方向性を考えると、中国の経済成長はむしろ抑制的になると予想される。だが、これは改革開放による高度経済成長の恩恵にあずかれなかった多くの農村戸籍の農民や出稼ぎ労働者にとっては、じつのところあまり関係ないかもしれない。不動産バブルの崩壊も、理財商品のデフォルトも、銀行のシステミックリスクも、多くの農民や底辺の労働者にしてみれば他人事である。

習近平政権は任期1期目に、「反腐敗キャンペーン」と称して、政敵である江沢民派・上海閥ら利権グループを〝人民の敵〟〝党の敵〟として排除した。当初、貧しい人民は、自分たちを搾取する腐敗の温床にいる政治家・官僚・企業家の失脚を、手を叩いて喜んだ。習近平は〝群衆路線〟(大衆路線)を打ち出しているといわれ、庶民の味方のようなイメージが形成された。だが、(汚職にまみれた)金持ちたち、中産階級層を圧迫したところで、低層社会の貧しい人々が恩恵をうけるか、というと実のところ、そうではない。習近平の群衆路線は、早々に破たんした。

その破たんを如実に知らしめたのは、たとえば北京市で２０１７年11月18日から突如表ざたになった「低端人口」の一斉排除問題などである。

「低端人口」とは、字面《じづら》のとおり、低い端に位置する人々のことだ。正式の意味は低端産業に従事する人口、たとえば危険な建築現場や劣悪な条件の風俗産業、違法工場などで働く出稼ぎ労働者、都市社会の最低層に吹き溜まる農村戸籍の出稼ぎ労働者のことだ。2006年9月に人民日報海外版および人民ネットでこの言葉が初めて使用されたときは、社会の底辺に生きる人たちに対するレッテル貼りで差別的であると、ネット世論から批判を浴びた。

この言葉が習近平政権で再びよみがえった。

2016年8月1日、人民ネットが人民日報海外版の記事を転載するかたちで「北京、上海、広州の人口増加速度を減速させよ、専門家は低端人口整理政策を」というタイトルに使った。「低端人口」という差別用語だと過去に批判された言葉がよみがえったことは、習近平政権自体が、群衆路線を掲げながら、実のところ、こうした大都市の貧困層に対して差別的なのではないかと想像された。

そしてその想像を裏付けるように、2017年11月18日の北京市大興《だいこう》区で起きた火事をきっかけに、北京市で驚くべき〝低端人口〟一掃作戦が展開されるのである。

大興区西紅門鎮新建二村の簡易宿泊所・聚福縁公寓で18日夕刻に火事が発生、子供・幼児8人を含む19人が死亡し8人が重軽傷を負った。この建物は、農村戸籍の出稼ぎ労働者、〝低端人口〟が約400人居住する〝スラム〟であった。彼らは出稼ぎ者の中でも違法経営の工場などで働く、北京市の管理の対象外の人たち。

火災のあった建物は1室1万円前後で、一部屋10平方メートルぐらい、一部屋に3〜10人が身を寄せ合うように暮らしていた。１階が食堂、地下に冷蔵室があり、この冷蔵室の故障漏電が原因という。建物の老朽化はひどく、増改築をくり返し、ほとんど窓もなく、非常階段や防災設備などもない。起こるべくして起きた惨事ではあった。

この火事だけでも悲惨な話なのだが、本当の問題は、この火事後に起きた。

２０１７年11月20日から、北京市は安全上の問題を排除・整理するという名目で、こうした〝低端人口〟が暮らすアパートや建物の一斉取り壊しを開始したのだ。この結果、多くの貧しい出稼ぎ者たちが、北京の氷点下の冬空の下に放り出されることになった。その数は10万人とも数十万人ともいわれ、取り壊し作業は12月末まで続くもようだ。

多くの出稼ぎ者らが、布団や手荷物を背負って路頭に迷っている姿や真冬の公園で身を寄せ合って野宿している様子がスマートフォンの映像や写真で撮影され、中国のマイクロブログやＳＮＳで拡散されたことで、中国の心ある知識層らは、これを〝貧困層排除〟〝差別の思想〟と非難した。

こうした北京の低端人口が一掃されたことで、都市機能を支える一部産業にも悪影響が出た。たとえば宅配便の配達業務はこうした出稼ぎ者に支えられている部分があったが、彼らの排除によって、とたんに配達員不足に陥り、遅配の多発など業務に支障が出た。

北京市のこの〝低端人口〟に対する仕打ちは、２００７年に打ち出されていた「大興ニュータウン計画」（２００５〜20年）、２０１１年に通達された「北京市房山区国民経済社会発展第12次五カ年計画要綱」、２０１７年に通達された「石景山区人口コントロール政策案」などで打ち出されている〝低端人口整理整頓〟策と合致しており、明らかに明確な市と党の政策として行われている。

習近平政権は第19回党大会で、発展によって生じた矛盾、つまり格差の問題に取り組むことを宣言し、「人民を中心とする」とし、「保障と民生の改善」の堅持を打ち出している。しかしながら、習近平派の中心人物の一人である政治局委員・蔡奇が書記を務める北京では、こうした貧しい人々の住む場所をいきなり奪い〝強制排除〟することで、〝貧困〟を都市から一掃しているわけだ。ちなみに北京市当局は中央メディアに対し、「低端人口を駆逐しているという噂が流れているが、北京には低端人口などもともと存在しない」と発言している。

これが習近平の言う「人民を中心とする」の現実である。2035年までに、人民に〝小康社会（ややゆとりある社会）〟を与えるという約束も、小康社会の中に入ることのできない貧しい人々を人民扱いせずに排除し、その存在を抹消することで実現するつもりだとすれば、どうして中国の庶民たちは安心して習近平政権の路線を受け入れることができるだろうか。しかも習近平の路線では高度経済成長時代は続かず、経済抑制時代に入る可能性のほうが強いのである。

今、なんとか小康生活を送っている人々も、いつ〝低端人口〟の仲間入りをするかわからない。習近平路線では、人々が〝低端人口〟から脱する経済の処方箋が提示されていない上に、排除の論理だけは示されているとしたら、とても共産党は人民に夢を与えられない。

いくら現代社会主義強国化の夢、世界の中央舞台に立つ夢、G2の夢、中華民族の偉大なる復興という中国の夢を訴えても、そこに暮らす普通の人々に安心で安定した生活を約束できなければ、人民の支持を得られないのではないか。この習近平政権の「人民を中心とする」というスローガンについて、習近平政権のブレーンを自任する清華大学国情研究センター長の胡鞍《こあん》鋼《こう》が東京の衆院議員会館で講演を行ったことがあった。

このとき胡鞍鋼は「中央文献研究室が出した習近平理論の書籍は全部で14冊120万字、毛沢東も鄧小平も5年の間でこれだけの膨大な字数の理論を残せなかった」と語り、習近平を毛沢東をも超える逸材の指導者と絶賛。

そして、「(党大会で打ち出された)〝人民を中心とする〟党であることで、政権党としての正統性が裏付けられる。共産党は西側のような〝選挙で選ばれる政権〟を正統性の根拠にする必要がない」と説明した。

そしてこのとき、習近平政権の打ち出す「人民を中心とする」のフレーズが、リンカーンの「人民の人民による人民のための政治」に匹敵する名言であるとの説を開陳したのだった。

だがリンカーンが言う人民と中国共産党の政治用語である人民の意味は大きく違う。中国共産党の人民には資本主義国家への羨望をもったり、共産党を批判したりするような国民は含まれていない。最初から共産党が指導する国への忠誠を誓った人々である。党を批判することは党内でも党外でもタブーであり、ならばどうやって党の政治が人民を中心にしているか、人民の支持を得ているか確かめられるのか。

これまでは集団指導体制の中で多数派合議という疑似民主的なプロセスが多少なりともあっ

たが、習近平〝核心〟は、習近平の方針が絶対的という意味だ。権力のトップにいる習近平が、選挙以外の方法でどうやって人民の願いや幸せをすくいあげることが可能なのか。習近平のことを〝肉まん〟とインターネットのSNSで揶揄《やゆ》しただけで警察に拘束されるような世の中で？

こういう趣旨の質問を胡鞍鋼にぶつけると、彼は「人民とは14億人口の総体である」「ここではいちいち説明する時間はないが、共産党は緻密に人民に必要なものを調査し、政策にフィードバックしている」と説明した。

ならば、その調査結果によって、〝低端人口排除〟といった北京市の政策も決定されたのだろうか。だとすると、習近平政権の言う人民とは、おそらく脳内で想像しただけの存在であり、14億人口の中に、習近平のイメージする人民は、たとえいたとしてもほんの一握りではないだろうか。

社会信用システムによるコントロール強化

習近平政権のもう一つの特徴は、息苦しいほどの都市住民へのコントロール強化である。鄧小平時代以降、習近平政権以前は、実際のところ共産党に挑戦さえしなければ、娯楽は比較的自由であった。テレビ・映画・アニメのポルノも暴力も表向きはセンサーシップ（検閲）があったが、実際はゆるゆるで、いたるところで売春産業が栄え、外国の娯楽メディアが見放題であった。税金をまともに納めるのは知恵がない奴のすること、とばかりに庶民の脱税は日常茶飯事だった。

特にインターネットが爆発的に普及し、ＳＮＳやＥＣが発達すると、憧れの外国のセクシー女優に直接応援の言葉をかけることも、憧れの外国商品をワンクリックで買うこともできるようになった。もちろん党に対する批判は厳しく統制されたが、多少の揶揄や皮肉動画を上げてもせいぜい削除されるくらいのものであった。

そもそも、これだけの自由を与えられていたら、共産党をそこまで憎む必要もない。ところが、習近平政権になると、こうしたある程度人民に与えられていた自由が著しく制限されることとなった。

インターネットの落書きといわれた掲示板ですら、実名登録が義務化され、グレートファイヤーウォールと呼ばれるアクセス遮断の壁やネット検閲をかいくぐるツールのＶＰＮの個人利用を禁止した。

ＳＮＳで影響力をもつ言論人を、冤罪にも近い汚職やその他犯罪を理由にして捕まえてみせ、起訴もしないうちにＣＣＴＶのカメラの前で有罪を〝自白〟させ懺悔《ざんげ》させたりして、ネット上の発言に気をつけなければこうなるのだ、と〝見せしめ〟としてさらし、ネットユーザーを恐怖でコントロールしようとした。テレビドラマのセンサーシップを強化し、女優の胸が見えすぎるとトリミングを命じ、韓国との関係悪化を理由に韓国人アイドルの使用禁止をテレビ局に強要した。

綱紀粛正、文明化を理由に、売春産業の取り締まりが強化され、高級レストランでの会合や月餅の贈答にすら贅沢禁止といちゃもんをつけられるようになった。党内では、クリスマス、バレンタインデーといった外国の風習をまねた浮ついた行事を禁じるよう通達が出された。

スマホやネット利用で紐《ひも》づけされた市民情報をビッグデータ化して、電子マネーを使ったコンビニの買い物から納税状況、融資残高、ネットの書き込みまでさまざまな個人情報を党が管理し、市民を格付けして新たなヒエラルキーに振り分ける個人社会信用システムの導入も決定。

2017年12月にすでに1億7000万台以上投入されている顔認識機能のついたAI内蔵の監視カメラや声紋認識ができる盗聴システムなどの最先端技術から、市民の相互監視、報奨金を伴った密告奨励制度といったレトロな方法までを駆使し、さらにメディア統制、記者管理強化の政策とセットになって、共産党はまさにジョージ・オーウェルの小説『1984』に出てくるビッグブラザーのようなものを作り出そうとしている。AI付き監視カメラは2020年までにさらに4億台が追加される予定だ。

ちなみに、こうした社会信用システムによる格付けに応じて、ローンの審査や金利、許可証発行の是非、スピード、海外渡航のビザ発給などの出やすさ、就職や公募への参加の可否の基準が決められ、さらにはインターネット速度の速さなどにも影響してくるという。収賄、脱税、詐欺など違法行為を犯せば、ブラックリストに入れられ、場合によっては出国禁止、あるいは高速鉄道や航空機の発券禁止といった処罰を受けることもある。

建て前上の目的は中国の社会秩序、社会信用環境および経済流通システムを一体化させて構築するため、また犯罪防止効果を狙ったものだという。

だが、実のところはイデオロギーチェックに利用し、習近平政権にとっての危険人物を事前に洗い出すためだともいわれている。いずれにしろ、習近平政権が人民を徹底的に信用していないゆえに、このような厳格な管理システムを導入するということだろう。こうした人民管理強化に当然、人民は不安と不満を感じている。これまでは、仲間内の食事会などでは、指導者の批判を言ったり、共産党のことを馬鹿にする笑い話を言い合うことなど当たり前にあったが、あらゆるところに監視カメラと密告者が存在しており、本音を吐露できる場所はなくなった。当然、こうした息苦しさの原因が習近平の政策によるものであることに気づいている。

統制強化と監視の目におびえて、公言することはかなわないが、内心、習近平の人民管理に不満と不安を感じている人は、想像以上に多いとみられている。少なくともメディア関係者の9割以上が習近平のやり方に不満だ、と、元新華社通信の記者が私に吐露したことがある。知識人の多くが、比較的共産党に忠実な人たちまでもが、「今の習近平の文革まがいのやり方に不穏なものを感じる」と口々に訴える。

経済抑制政策と人民統制の強化、習近平政権以降に露顕したこの二つの社会状況が、習近平の群衆路線、世論誘導を挫折させた。そしてその挫折が、習近平の人民への疑心につながり、さらなる社会管理統制の強化、モラル遵守《じゅんしゅ》の強制、自由の制限に表れる。

だが汚職や腐敗、奢侈《しゃし》が人民の経済活動、消費活動のある種の潤滑油の役割を果たしていたわけだから、経済はますます悪くなる。中国社会は負のスパイラルに陥りかけているのだ。

“人権弁護士狩り事件”はなぜ起きたか

ここで習近平政権下でおきた最悪の人権弾圧事件の例を挙げておこう。2015年7月9日から2ヵ月にわたって約320人の人権派弁護士およびその周辺者が拘束、逮捕された、世にいう709事件、“人権弁護士狩り事件”である。

習近平政権はこの年の7月1日に新国家安全法案を可決し即日施行。国家の安全を「国内外の脅威」から守るためなら、どんな無茶ぶりも容認するといわんばかりのこの法律は、これまでの法治の概念を覆すものとして、中国の心ある法律家や弁護士は懸念を示していた。「人権弁護士狩り」は、こうした懸念が具体化したものと言える。

上海株大暴落、「株災」というかたちで、習近平のマクロ経済政策手腕の下手さが露呈した直後で、社会は政権に対する怨嗟《えんさ》の声が出始めていた。おそらくは、この「弁護士狩り」は、習近平政権の恐ろしさを見せつけることで、社会に出始めた党への不満封じ込めをも目的としていたと思われる。

報道を総合すると、2015年7月9日未明、北京鋒鋭弁護士事務所に所属する女性弁護士・王宇が夫や未成年の息子とともに公安当局に拘束されたことが10日に明らかになった。彼女は同年5月末に政権扇動転覆罪の容疑で逮捕された福建省の人権活動家・呉淦（ハンドルネーム「屠夫」として、ネット上で人権問題を発信していた）の弁護に当たっていた。続いて同事務所の主任弁護士・周世鋒も10日早朝、ホテルにいたところを連行されたという。

周世鋒は２０１４年の香港「雨傘運動」を支援して拘束されていた中国人記者助手の張淼の弁護を担当していた。その他、鋒鋭事務所に所属する弁護士たちも一様に電話で連絡がとれなくなっていた。さらに李金星、李和平、江天勇、謝陽、王全璋といった著名人権弁護士が次々と拘束された。拘束者、逮捕者は瞬く間に３００人を超えた。

７月12日、新華社、人民日報、ＣＣＴＶなど中国中央メディアは「〝維権（人権擁護）〟事件の黒幕、鋒鋭事務所を摘発」とこの事件を報道した。ほとんどの中国メディアがこれに準じた報道を展開した。その見出しは「社会秩序擾乱《じょうらん》を推進した大犯罪集団を壊滅」という信じがたいものだった。

「目下、中国公安部の指揮により、北京はじめ各地公安機関は集中摘発行動を展開し、北京鋒鋭弁護士事務所を拠点に、２０１２年７月以降、中国社会で起きた40以上の（政治的）敏感事件、社会秩序を深刻に擾乱する重大犯罪を組織、画策、扇動した大犯罪集団を壊滅させた。〝人権擁護〟弁護士の立場でもって、〝陳情者〟が相互に連携して組織化するのを推進し、人数を集めて、細かい役割を振り分けてきた犯罪集団の全容がこれにより浮かび上がってきた。

例えば今年５月の黒竜江省で発生した〝慶安事件〟。警察は合法的に発砲したのだが、これがなぜ〝陳情者殺害事件〟と扇情的に伝えられてしまったのか？（この事件がらみで社会秩序擾乱容疑で逮捕された）翟岩民、呉淦、劉星ら、〝人権活動家〟の仕業である」

慶安事件とは２０１５年５月２日に、黒竜江省の慶安鉄道駅待合室で、陳情（地元政府の横暴を改善してもらうために上級政府に訴えること）のために列車に乗ろうとした男性（45）が、警官に乗車を妨害されたため、その警官の銃を奪ったので、警官に射殺された事件である。男性が、単なる「狼藉者」として、警官の発砲を正当化されそうになったところ、人権活動家の呉淦らが人権問題として再調査を訴え、人権弁護士らも調査に乗り出し、陳情者の人権問題としての関心を集めて世論も喚起された。

だが公安警察は呉淦らを「各地の陳情者に報酬を出して抗議活動を組織した」として社会秩序擾乱《じょうらん》罪で逮捕していた。公安サイドに言わせれば、こうした人権活動の名の下に行われる社会秩序の擾乱が、全国で急速に増えており、その黒幕の一つが鋒鋭事務所だというのだ。

報道ではこう主張している。

「普通の事件を政治的敏感事件に扇動し、真相を知らない群衆やネットユーザーの政府への不満を焚き付けるのが鋒鋭の一貫したやり口だ。鋒鋭に所属する弁護士・黄力群はこう供述している。『（事務所主任弁護士の）周世鋒は自分のことを法曹界の宋江（北宋末の農民蜂起の指導者、水滸伝の主人公モデル）だと言っている。……違法な手段で事件を大きくする、法律を守らない食い詰めた弁護士を集めて、担当事件を大きく扇動していた』……目下、周世鋒、劉四新、黄力軍、王宇、王全璋、包龍軍など多くの容疑者が法に従って刑事拘留されている。彼らは他の重大違法犯罪に関わっている可能性もあり、さらに捜査を進めている」

これはどういうことか。習近平政権は、自分の政策ミス（おもに経済政策）で、社会に不満が蓄積していることを感じ、その矛先が党と政権に向かってくることを懸念していた。そこで、こうした社会で不満を抱える庶民たちに法律的支援を行う人権擁護活動を公式に違法だと位置付けて、政権に刃向かうことが重大犯罪だと社会にわからせるために、弁護士狩りを行った、と私は解釈している。

急増する労働争議と人権派弁護士への拷問

習近平政権になって社会不満とそれをもとにした集団事件は増えている。

それは公式の数字では発表されていないが、たとえば労働争議の急増などでも推察される。香港のNGO「中国労工通訊」によれば、2016年に中国本土でおきた労働者ストライキ、労働争議などの労働者集団事件は2202件。2015年は1826件。2014年は1379件。2013年は659件。2012年は382件。習近平政権になってからの4年で約7倍に増えている。

しかも、近年の労働争議の要求の中には、昇給や福利厚生の充実といった単純な待遇改善要求だけでなく、労働者権利擁護や法治や、共産党のお仕着せでない労働者自身による労働組合(工会)設立要求も増えている、と都市の高学歴低所得の若者についての研究書『蟻族』などで知られる対外経済貿易大学教授の廉思は指摘していた。

労働争議が急増したのは経済の悪化が背景だが、労働争議の要求に政治的なものが含まれるようになってきたのは、労働者たちも法律の知識などをもつようになってきたからだ。労働者自身が、スマートフォンなどで労働者の権利問題に関する情報・知識を吸収していることも大きいし、また労働問題ＮＧＯや人権派弁護士ら知識人たちが、こうした低層の人々の支援に乗り出すことも増えたということが大きい。

群衆路線（大衆路線）を掲げながらも人民の支持を得ることができなかった習近平は、２０１５年のマクロ経済政策の失敗あたりから、明確に潜在的な敵が人民であるという認識をもつようになった。そして、その人民が人権派弁護士に象徴される知識人層と結びつくことを習近平は最も警戒していた。

ただの不満を抱えたバラバラの人民を〝反乱軍〟に統率できる宋江のようなリーダーの登場を恐れていた。最も警戒されるのは弁護士である。なぜなら、台湾で国民党を破って初の台湾人よる政権を打ち立てたのは元人権派弁護士の陳水扁《ちんすいへん》だからだ。弁護士が国の指導者になった例を中国は間近でみてきたのだ。

こうして捕らえられた人権派弁護士たちのうち少なくとも40人が、長期にわたって厳しい取り調べを受け、なかには取り調べ中に激しい拷問を受けた者もいた。中国の公安警察における拷問は実のところ習近平政権以前からあったが、このように表ざたになることはあまりなかった。思うに習近平政権は、あえて人権派弁護士たちを恐ろしい拷問にかけて社会に恐怖を与え、自分が法を支配していることを誇示するために、情報を漏らしたのではないだろうか。

国家政権転覆扇動罪で起訴された湖南の人権派弁護士、謝陽が、殴る蹴るのほか、眠らせない、足のつかない不安定な椅子に座らせ休憩なしの長時間取り調べ、といった精神的肉体的拷問を受けたことは、面会の弁護士の証言で明らかになった。

２０１７年に保釈された李春富が精神を病んでいたことが家族によって証言され、その後、拘束直後に「高血圧」という公安サイドからの「診断」を受けて「降圧剤」を毎日強制的に飲まされ続けたことなどが明らかになった。李和平も高血圧でもないのに「高血圧」の診断を受けて、大量の薬を投与され、そのため無気力と視力の低下といった副作用に苦しんだ。ほかにも「統合失調症」といった診断を受けて薬を投与された例などが伝えられ、薬投与が虐待の目的で行われたとみられている。

国家政権転覆扇動罪で懲役３年の判決を受けたあと執行猶予で２０１７年４月に保釈された李和平は、拘束前の若々しい面影はまったくなく白髪のやせ衰えた姿に変貌していた。これまで何度も迫害に屈しなかった不屈の弁護士・江天勇も２０１７年８月の初公判で「中国で西側の資本主義の憲政を樹立させようとした」と自分の罪を認める証言をし、その様子がネット中継された。

弁護士たちの家族は、家を失い、子供たちは学校に受け入れてもらえない。これを、右派闘争や文化大革命時の知識人迫害の再現とささやく人も多い。多くの人民は、弁護士の迫害を不当とわかりながら、習近平に逆らうことの恐ろしさを肝に銘じた事件であった。

外国への敵視

習近平政権のこうした管理統制強化政策、人民に対する恐怖政治は２０１５年から次々とつくられた法律に表れている。たとえば２０１５年7月1日に施行された新国家安全法は「国家の安全を守る」ための総合的な法律と位置づけられ、その適用範囲が非常に広い。政治の安全、国土の安全、軍事の安全、経済の安全、文化の安全、社会の安全、科学技術の安全、情報の安全、生態の安全、資源の安全、核の安全などが、すべて国家の安全であり、これら国家安全を国内外の脅威から守ることが中国公民と組織の義務であるとしている。

条文の中では、「いかなる国への謀反、国家分裂、反乱の扇動、人民民主専制政権を転覆あるいは転覆扇動する行為を防止する」とあり、この法律を理由に、人権擁護活動や言論の自由が大きく制限されるのではないか、と懸念されていた。

従来も、政府に批判的な言論や活動は、挑発罪や政権転覆扇動罪などに問われる可能性は大きかったが、この立法によって、適用範囲はインターネット上や文化活動、経済活動などにも広がることになり、たとえば株価暴落を引き起こした企業の持ち株大量売りなども、政権転覆容疑に問うこともできるようになった。

この法律に加えて、反テロ法、国外非政府組織管理法が習近平政権の独裁的高圧政治を実現するための三大立法と見られている。さらに２０１４年11月施行された反スパイ法がこれら三大独裁法を補完するかたちとなり、国内の不満分子と「海外の敵対勢力」が結びつくことを予防する効果が期待されている。

習近平にとって人民は敵であり、その人民に知恵を授ける知識人も敵であるが、さらに中国の内政に干渉してくる外国も敵なのである。

そして習近平政権としては、国内の敵と海外の敵が結びつかないように目を光らせるとともに、可能ならば国内の敵と海外の敵を対立させたい。不満を募らせる人民の敵意をうまく「海外の敵対勢力」に向けさせたいのだ。

かくして、習近平の世論誘導戦略の中には、「外国の敵対勢力」への敵意をあおるものが目立つようになっていく。

ターゲットにしやすい国、日本

その敵対勢力として格好の目標の一つが日本であることは忘れてはならない。

今、中国で拘束中、起訴中の〝日本人スパイ〟が何人いるのか。2017年9月上旬段階で8人だ。日中友好団体の理事長（59）も含まれる。私は必ずしもこの人物に好感を持ってはいないが、しかしスパイ容疑をかけられるほどの悪人でもあるまい。

中国にとっては、典型的な日中友好人士であり、所属団体も日中両国の青年交流を通じて中国の緑化、植樹活動を支援する善意にみちたものだ。だが、習近平政権はその友好人士をスパイとして逮捕。

おそらくは日本の政府機関や政治家相手に、中国情勢、朝鮮問題についての分析調査報告などを行ったことが、容疑の根拠となっているのではないか。しかし専門家ならば、そのような機会は多々あり、それをもってスパイ扱いされては、研究・調査・ＮＧＯ活動など行えまい。

このほか、中国企業の依頼をうけて、山東省で温泉探査を請け負った地質調査会社の日本人技術者６人も逮捕された。うち４人はやがて釈放されたが、責任者の２人は依然拘束されたまま、起訴される方向のようだ。

日本人でスパイ容疑で拘束されたり起訴されている人たちは、私は冤罪であると思っている。たとえ、日本政府機関に対しての情報提供があったとしても、現地の事情通としての普通の情報提供であり、私たちジャーナリストがコメントを求められるのとそう変わらないレベルの情報だろう。正直、拘束中の人たちの経歴などをみると、とても中国の国家機密にアクセスできるような立場ではない。

そういう人たちをあえて、スパイに仕立て上げたのはなぜか。それは習近平と潜在的に敵対関係にある人民に対して、人民の本当の敵は外部にいるのだ、と思想誘導するのが狙いだからである。

中国は外国から狙われている。だから外国人の言葉を信じるな。敵は外国であり、外国の価値観、民主や自由や法治といった言葉にまどわされるな、ということを印象づけたいのである。

習近平政権は２０１６年から毎年４月15日を国家安全教育日と決め、国家安全のための教育を子供たちに施すことを学校などで義務化した。この日、「スパイ探し」ゲームなどを通じて「反スパイ教育」授業を行う小学校の様子なども報道されていた。

さらに最高50万元という高額報奨金をかかげたスパイ密告制度が北京で施行されたり、市内の地下鉄駅で「スパイに騙《だま》されないように」という内容の漫画を描いた啓蒙ポスターが張られたりした。この「スパイにご用心」啓蒙ポスターのスパイ・キャラの顔は、明らかに外国人の風貌をしている。

特に純粋無垢な子供たちへの反スパイ教育は非常に悪質で、かつての紅衛兵たちが、毛沢東の命令に従って、親や教師の反革命罪を密告した恐ろしい時代が復活するのではないか、とおびえる声もある。

改めていえば、こうした、「外国の敵対勢力」として特にターゲットになりやすいのは、やはり日本であるといえよう。実際、中国国内で暗躍する本物のスパイはＣＩＡや英国情報局、ＫＣＩＡのほうが圧倒的に多いはずだ。なぜなら日本には対外諜報活動ができるインテリジェンス機関は存在しないからだ。

だが、プロのスパイは慎重であり、簡単に捕まえられるような存在ではない。人民の「敵」をでっちあげるためであれば、捕まえやすい人間をターゲットにする。また、捕まえても面と向かって文句もいえず、圧力をかける外交的カードを持たない無力な国を選ぶだろう。手ごろなのが、正式な軍隊も諜報機関も持たず、歴史的因縁や領土問題の対立がもともとあって、人民の共通の敵としてのイメージを創りやすい国、日本である。

日本の友好人士が逮捕されて間もなくのころ、中国紙・新京報がこんな記事を載せていた。

「なんということか。日本のスパイが中日友好交流団体にひそんでいたのか?少なからぬネットユーザーは驚き、心ふさいだ。あんなに言っていた友好はどこにいったのだ?

だが実のところ、外交通のあるアカウントは『そんなに驚くことではない。〝中国通〟をかたる日本のスパイというのは以前から中国に浸透しているのだ』と語る。……」

別の記事、人民日報傘下にある環球時報の報道も参考にしよう。

「……(今回拘束された日中友好人士をかつて取材したことがある)日本華僑新聞編集長の蔣豊は28日に環球時報の取材をうけてこう語っている。

『日中友好交流団体からスパイが出てくるのは一向に不思議ではない。おそらく、これが日中友好交流団体から出てくるスパイとしては最後の一例ではないはずだ。いかなる団体も、スパイが利用する仮の姿になる可能性がある。』……

たとえ日本政府がスパイを派遣したことを否定しても、日本はこの数年の間に対外尽力情報資源(ヒューミント)建設に力をいれており、外務省国際情報局、内閣情報調査室、公安調査庁などを利用して対外情報収集に力をいれている。昨年4月日本政府は、日本版MI6設立の提案書を提出している。中国は日本にとって一番防備すべき国の一つであり、自然、日本の情報収集の重点対象となるのである」

蔣豊は私も取材したことのある人物だが、彼自身がかつてスパイ容疑で週刊文春に報じられたことがあるではないか。このコメントはブーメランである。彼は私に対して「スパイ容疑は冤罪だ」と主張していたはずである。

このほかにも、「日中友好人士がスパイ！」といった見出しの報道があふれ、日本人への警戒感をあおっていた。そんなに日本政府が諜報活動に熱心に取り組んでいれば心強い限りなのだが、実際のところは逆で、日本の対中国情報の収集能力は以前よりも劣化しているように私は思う。

習近平の外交センスと日本に対する本音

ただ習近平は、江沢民や胡錦濤と比べるとやはり微妙に外交センスが劣っている気がする。「外国の敵対勢力」の存在が国内の求心力や愛国心高揚につながるのはわかるとしても、その敵対勢力を創りすぎているからである。江沢民、胡錦濤は、そもそも敵対勢力という言葉を使わず、多極外交が基本であった。また反日、反米の世論誘導を同時に行うことはなかった。

一方と対立を先鋭化するときは、他方との関係を融和的にし、政治的に対立するときは経済関係を密にする、トップが対立するときは次官級の交流を増やすというふうに、バランスをとっていた。だが習近平はすべてを敵に回すようなふるまいを時々する。

オバマ政権のときは、習近平は米オバマ政権、日本の安倍政権ともに対立を先鋭化させた。それだけでなくベトナム、インドネシア、インドとの関係も同時に先鋭化させた。また韓国と北朝鮮も同時に関係を悪化させている。一方で、トランプ政権になった米国やプーチン政権のロシアに対しては非常な好感を示しているように見えるのは、ひょっとすると外交戦略というより、習近平個人の好き嫌いの感情が優先されているのかもしれない。

２０１７年11月、ベトナムのダナンでＡＰＥＣ首脳会議が行われた場を借りて安倍晋三と習近平の６回目の首脳会談が４ヵ月ぶりに行われたが、このとき、習近平がいつになく笑顔で、プレス用の写真の背景にも両国の国旗が飾られていたことから、習近平政権二期目の対日政策はこれまでの厳しさから微笑外交に転じるのではないか、といわれている。

その傾向はその前に行われた日本の総選挙のあたりから見えていて、習近平政権は自民党圧勝を強く望んでいるといわれていた。その心は、習近平政権は二期目になって日本との関係を改善しようとしているが、そのためには、尖閣諸島国有化問題などで日中関係を悪化させた旧民主党などではなく、責任ある政権がカウンターパートになるほうが、中国としてもやりやすい。

関係改善の象徴として、設置に向けて協議が大詰めを迎えている空海連絡メカニズム（船や航空機による偶発的な衝突が起きるのを防ぐため、防衛当局間で緊急に連絡を取りあえるようにする仕組み。２０１２年に設置が合意されたが、尖閣諸島国有化問題で棚上げになったあと、２０１４年に協議を再開しているものの、尖閣海域に関する双方の立場、表現が折り合わずに難航している）を実現させるためにも、きちんと実務能力のある政権が望ましい、と考えているという。

日中友好平和条約締結45年目の２０１８年に日中両首相の往来が実現すれば、多少、日中間の雰囲気はよくなり、ひょっとするとスパイとして捕まっていた人たちの中には釈放される人があったり、ビザの発行を拒否されていた新聞記者らにビザが出たりすることもあるやもしれない。

習近平政権二期目の目標が「中華民族の偉大なる復興」であり、米国を本命ライバルとしたG2時代を意識したものであるとしたら、世界第三の大国・日本と世界第一の大国・米国の強い絆に楔《くさび》を入れておくためにも、日本を引き寄せようとするのは外交として正解である。なにより一帯一路の推進には、日本や米国など金を持っている国の参加が必要だ。実際、習近平周辺にもそう提言するシンクタンクや官僚はいるようである。

しかし、その一方で、習近平の日本に対する感情は、根本的に非常に悪い、と聞く。国家副主席時代に日本を訪問したときは、天皇陛下に対する強引な会見問題で日本世論から非難を浴びた嫌な思い出も当然あるし、なにより尖閣諸島国有化の年に登場した政権として、日本に対して容赦ない思いというものがもともとあるようだ。

こうした習近平の本音を思えば、一時の微笑に日本人が喜んだり、期待したりすることは非常に危険だろう。

人民に夢を与えられない習近平独裁に正統性はない

ここまでくると、習近平がもくろむ独裁体制がどのような国家を登場させるか、想像できるだろう。鄧小平路線を捨て、経済成長よりも軍拡を優先させ、強大な軍事力と対外領土拡張の野望を「中国の夢」と掲げる赤い帝国の登場である。人民が不満をくすぶらせても、それを恐怖政治で抑えこむ。

貧しい人たちには低端人口と差別的レッテルを張り、強制排除し、あたかも貧困などないようなことをいい、中産階級に対してはインターネット管理やビッグデータを駆使した社会信用システムによって新たなヒエラルキー、社会階級を創り、隣人同士を憎み合わせ、隣人同士を監視させる。

反腐敗キャンペーンを建て前に、党内から政敵を追い出し、資本家を追い出し、〝習近平思想〟に疑問をもつ知識人を迫害し、恐怖で言論と情報を操り、世論やイデオロギーを誘導し、外国を憎むように仕立てる。コンプレックスの強い習近平は党内の善意からくる建設的な提案に対しても、自分の地位を脅かすと疑心暗鬼に陥り、激しい権力闘争は今後も続く。習近平独裁樹立のための功労者ですら、ときに失脚させられるかもしれない。

これにより、有能な官僚、政治家は排除され、共産党の実質的な統治能力は衰えてしまう。習近平が取り立てる官僚や政治家はみな習近平自身より能力の劣った従順なイエスマンばかり。だれも国家の暴走を止められない。

外交も純粋な国益や外交戦略より習近平の好みが優先され、中国よりも経済的、軍事的に弱いASEANやアフリカのような国々は、中国に朝貢国のような立ち位置で従わざるを得ない。やがて、資源や食料、水を搾取され、疑似植民地のようになっていく。人々はおかしいと思っても、植えつけられた恐怖から何も言えず、連携も連帯もできず、貧しさと不条理と不自由に耐え忍ばねばならない。

習近平政権2期目が今のままの路線を突き進み、権力闘争を勝ち抜き、個人独裁体制が確立すれば、確かに米国を相手に大国として台頭するかもしれないが、その国に住む人も、周辺国の人々も決して幸せにはなれない。

いやいや、いくらなんでも悪いふうに想像しすぎだろう、と言われるかもしれない。たしかに、北朝鮮を10倍くらい強大、凶悪にしたようなこのような国家の台頭を、そこに住む人々も、党内の良識ある政治家も、日本を含む国際社会も許すだろうか。

だが、私が、こうして習近平路線はどうもおかしい、と主張しても、日本国内にも国際社会にも、習近平の提示する発展モデルは、米トランプ政権の登場で限界を見せ始めた民主主義モデルとはまた違った可能性を提示するのではないか、とか、中国のような国は習近平政権のような独裁体制でなければまとまりがつかないのではないか、とか、シンガポールやマレーシアなどアジアの国で開発独裁や国家資本主義経済や新権威主義は一定の成果をみているので中国もこれでよいのではないか、といった意見がある。

習近平が独裁者であり、中国国内に迫害される人たちがたくさんいたとしても、ドイツなどは、今やそういう小さな人権問題よりも、米国一極体制を揺るがす存在として中国に期待をよせすり寄るそぶりを見せる。米国のTPP脱退やパリ協定破棄といった脱グローバリズムの穴を、台頭する新た紅色帝国に埋めてもらいたい、という期待を言う人もいる。

私は、国際社会が中国に求めているのは最終的には民主的な責任ある大国になることだとずっと思っていたし、中国が独裁化、帝国化すれば、それは国際社会が共同で防ぐ努力をすると思っていた。だが、最近の国際社会、とくに中国と領土問題や利害対立を抱えない欧州勢には、中国が人権無視の横暴な赤い帝国主義であっても、それはそれで国際経済が潤うならばかまわない、という姿勢が顕著だ。

だが日本にしてみれば、これは他人事ではないのだ。人的交流も密な一衣帯水の隣国であり、しかも尖閣諸島という日本固有の領土を奪おうという野心を隠さない中国の独裁化、帝国化、大国化は実に恐ろしい事態なのだ。だからこそ、習近平長期独裁の確立と中国の覇権を阻むための国際世論形成や外交において、日本が負わねばならない責任は小さくないと思うのだ。

第五章　赤い王朝の戦争リスク

習近平政権二期目が直面しうる五大リスク

中国の大国化、強軍化の野望に抑制をかけ、中華秩序に日本やアジアがのみ込まれないようにするには、まず、習近平政権二期目が今後直面するリスクについて正しく理解することだろう。私は習近平政権は今後、五つの大きなリスクに直面するとみている。

一つは経済リスク。一帯一路の挫折、不動産バブル崩壊、不良債権増大による金融機関破たん、人民元大暴落、ハイパーインフレといった問題が発生し、それはひょっとするとリーマンショックのように世界経済に波及するレベルとなるかもしれない。

二つ目は官僚のサボタージュ。激しすぎる権力闘争と綱紀粛正のやりすぎで、官僚たちが自分の意思で仕事ができなくなる。党と政府の実務機能が著しく衰える、あるいは機能不全に陥り、内政および外交が混乱する。

三つ目は解放軍の機能不全。解放軍の粛清人事の結果、軍内の有能な幹部が不足している。また習近平による解放軍トップ人事に、内心不服の将校たちも多いときく。こうしたときに、問題が起きることはある。クーデターを起こすには今の解放軍にはコアになるリーダーがいなさそうだが（全部失脚させられている）、機密漏洩や習近平の命令外の軍事行動によるアクシデント、たとえば２００１年４月に海南島沖でおきた米中軍用機衝突のような偶発的危機的事件が起きる可能性は高まっているだろう。

四つ目は社会不安の増大によるデモ、抗議集会、貧困テロといった事件の増加。習近平政権下の貧困者排除や知識人迫害に対し、反共産党の市民運動が台頭してくる。江沢民、胡錦濤時代は、資本家と知識層、中産階級層が基本、党の味方についていた。共産党に挑戦しない限り資本家と知識層、中産階級層は自由な経済活動と自由な知識吸収、自由な娯楽を享受できたからだ。

だが、習近平政権はその自由を大幅に制限し、彼らに共産党への徹底した忠誠を求め、それに従わない資本家、知識人、中産階級層を迫害しはじめている。江沢民、胡錦濤時代は貧困層（労働者・農民）vs.共産党（官僚、資本家、知識層、中産階級層）であった構図が、習近平時代には、党からはじかれた資本家、知識層、中産階級層が農民や労働者の権利擁護運動を支援する側になるやもしれない。そうなれば、これまで強大な治安維持力で抑え込んでいた庶民の不満というものが抑えきれない可能性は高くなる。

五つ目はこうした四つのリスクに乗じて、これまで息をひそめてきた習近平の政敵が、習近平の権力の実権を奪おうと権力闘争を仕掛けるリスクである。暗殺（事故死）という形で仕掛けられることもあるだろう。実際、薄熙来という、習近平の権力の座を強奪しようとした政治家は過去に存在した。彼が権力争奪に失敗した最大の原因は、妻の谷開来の私情のもつれによる殺人事件であり、これは薄熙来自身の能力とも関係ないし、想定外の事件であった。

そして習近平にとってはあまりに幸運な事件であった。もしこの事件がなければ、あるいは発覚していなければ、今頃総書記は薄熙来だったかもしれない。では薄熙来ほど野心と能力がある政治家、官僚はまったくいないのだろうか。第二、第三の薄熙来が存在しないといえるだろうか。少なくとも習近平は、まったくいないとは思っていないようだ。だから、自分より能力のある人間を次々と失脚させていくことを一向にやめようとしないのだろう。

こうした五つのリスクに直面したならば、あるいは直面しそうになったならば、2期目の習近平政権は自分の地位を守るために、どのようなアクションをとるだろう。私が恐れているのは、「手ごろな戦争」を仕掛ける、という方法だ。

習近平政権が「手ごろな戦争」を仕掛ける

中国共産党は銃口から生まれた政権という伝統と誇りがある。革命戦争を勝ち抜いて建国した。だからこそ、党の私軍である解放軍のトップ（中央軍事委員会主席）であることが、共産党のトップ（総書記）であることより影響力を持ちうる。紅二代、太子党とよばれる革命世代二世たちが政治の世界でも経済の世界でも特別扱いされるのは、彼らのファミリーが革命戦争に参加し国家建設に貢献した血統だからである。

習近平は当然、その革命戦争に参加したファミリーの一員である、そのことで若いころから高い下駄を履かせてもらって出世街道を走ってきた。もし、習近平が習仲勲の息子でなければ、彼自身の能力だけではここまで出世できなかっただろう。

だが、習近平自身は革命戦争に参加していない。それどころか、２０１５年9月3日の「抗日戦争・世界反ファシズム戦争勝利70周年記念」の大閲兵式の晴れ舞台で、うっかり左手で敬礼してしまうぐらい、軍人のしきたりに慣れていない。

そのような習近平が、解放軍のトップとして制服組の尊敬を得て、なおかつ共産党のレジティマシー維持を証明するには、絶対勝つ戦争、少なくとも負けない小規模な戦争というのは、ありうる選択肢だろう。

実際中国共産党史上では、鄧小平が文化大革命後に政治生命を復活させて、ガタガタになっていた解放軍を立て直し、軍権を掌握するために、中越戦争（１９７９年）と中越国境紛争（１９８４年）を行った。中越戦争は、親中ポル・ポト政権のカンボジアに侵攻したベトナムに対する懲罰戦争という建て前であるが、ベトナム戦争を終えたばかりの疲弊したベトナム軍ならば、解放軍でも短期間で制圧できるだろうというみくびりから始まった侵略戦争である。

だが、鄧小平の予測に反して、ベトナム軍は強く、中国解放軍がズタボロに負けて撤退を余儀なくされた。中国国内では自軍の戦死者は過少報告され、解放軍勝利として喧伝された。同時に、鄧小平は本格的に解放軍の近代化と改革に踏み切った。また解放軍の文革時代の残党一掃の口実にもした。

５年後の１９８４年、鄧小平は解放軍改革の成果を確認すると同時に、中越戦争の雪辱を晴らすために、中越国境紛争を仕掛け、なんとか勝利した。

この二度にわたるベトナムとの戦争〝勝利〟は、鄧小平の指導力のたまものとして国内で大々的に宣伝され、鄧小平は軍権を完全掌握し、ゆるぎない鄧小平体制が確立する。ちなみに、その後ベトナム沖の南沙・西沙諸島への進出を図り、1989年3月にはスプラトリー諸島海戦で再度ベトナムと交戦し、ジョンソン南礁などいくつかの島を奪った。スプラトリー諸島は、今に至るまでの中国とベトナムの領有権をめぐる激しい対立海域となっている。

鄧小平が軍権を掌握し圧倒的なカリスマを確立したプロセスを、習近平がたどりたいと考えても不思議ではなかろう。

そして、おりしも、世界のパワーバランスは、米トランプ政権の登場に象徴されるように、大きな転換期を迎えつつある。中国にとって「手ごろな戦争」のきっかけがいたるところに見え始めた。

尖閣諸島実効支配を死守せよ

日本として一番警戒せねばならないのは、なんといっても「尖閣諸島」である。習近平政権が誕生した2012年が、尖閣諸島が国有化された直後であることも関係して、習近平政権は党の求心力強化にしばしば尖閣諸島を利用するようになった。ひょっとすると、自分が権力の座にいる間に尖閣諸島の実効支配を崩し、紛争でも起こして、実績の一つも作りたいかのような過激なアクションをとっている。

こうした尖閣諸島の実効支配を揺るがすためのアクションは、2016年6月以降、目に見えて激しくなっている。具体的には同年6月9日、中国軍艦が初めて尖閣諸島接続水域に侵入した。このとき、日本の外務次官は深夜2時に中国大使を呼び出し、「領海に入れば海上警備行動を取る」と警告したという。

中国軍艦は日本領海まであと数キロというところまで迫ったが、領海侵入せず接続水域を出た。だが、6月15日、今度は中国海軍の情報収集艦1隻が鹿児島県口永良部《くちのえらぶ》島西方の領海に侵入。中国軍艦による領海侵犯は12年ぶり、2度目だった。情報収集艦の目的はレーダーなどの情報集めであり、とても無害通航とはいえない状況であったが、日本側はこれを無害通航と判断して抗議を見送った。

次に6月17日の尖閣諸島付近の上空で日中戦闘機の異常接近事件がおきた。日本はこれを完全に隠蔽しようとした。だが、事実上の日中戦闘機による〝ドッグファイト〟であり、日本側パイロットはミサイル攻撃されるのではないかと恐怖を感じてフレア（赤外線ミサイルを外すためのおとり）を発射し空域離脱を余儀なくされるという一触即発の事態であったことが、その後、自衛隊OBや中国サイドの発表から明らかになる。

さらに、7月末から8月上旬にかけて、中国の海洋警察局の船（海警船）が大量の漁船とともに尖閣周辺に来襲。漁船の数は一時は400隻を超え、過去最多の15隻の海警船が接続水域に入った。8月5日、6日には2隻の海警船が領海侵犯をした。日本の反応を確かめながら、挑発の仕方を少しずつエスカレートしていることがよくわかる。

こういうやり方をサラミ・スライス戦略、つまりサラミを薄くスライスするように少しずつ目標に迫っていく戦略と呼び、中国の常套手段でもある。2014年から16年にかけて、ベトナムやフィリピンと領有権を争っていた南シナ海の島々の実効支配を奪い、軍事拠点化を進めたやり方も同じである。

南シナ海の島々の中国の実効支配は、たとえ国際司法が中国側が違法であると明確に判断しても食い止めることができなかった。領土とはいったん奪われてしまえば武力で奪い返す以外の方法はないのだ。南シナ海の軍事拠点化が中国にとって面白いように進んだのは、オバマ政権の弱腰、フィリピンのアキノ政権の油断と、反米親中的なドゥテルテ政権の登場などが重なったことなど、習近平の実力というより外部要因の幸運が大きい。

そう考えると、日本の尖閣諸島も、国際社会の風向き次第では、意外にあっさり奪われてしまう可能性がある。今、尖閣諸島の日本による実効支配が維持できているのは、日本の防衛力以上に、米国が日米安保条約の第五条を尖閣諸島にも適用すると言明しているからだ。

だが、こうした米国の姿勢も、状況次第では変わりうると思ったほうがよい。米国側は、日本の施政権下にある領土は尖閣も含め日米安保条約の適用範囲であるとしている。つまり日本独自で施政権、実効支配を維持できることが前提なのだ。そして、中国は今、この実効支配をサラミ戦略で突き崩そうと作戦を進行中であるという認識をもたないといけない。

環球時報はじめ中国メディアが尖閣諸島国有化5年目の２０１７年9月、時事通信や産経新聞の報道を引用して「日本メディアはすでに日本の実効支配が瓦解していると宣言している」と勝ち誇ったように喧伝している。これは中国側のプロパガンダであるが、中国海警船がわが物顔に尖閣諸島周辺の接続海域に侵入しているのを座視していれば、そう遠くない将来、本当に実効支配が崩されるやもしれない。

尖閣諸島の施政権は１９７２年、沖縄とともに返還された。沖縄返還協定締結時の米国の立場としては、返還したのは施政権であり、尖閣に関する中国、台湾、日本の領有権問題については中立とする、というものだ。米国がこのあいまいさを残したのは、日中を対立させることが米国の利益になるという考えからかもしれない。

しかし、一般に50年以上、実効支配が維持されれば、国際社会の通念としては、そこはもう領土という認識となる。その50年目が２０２２年、習近平政権二期目の最終年ということを考えると、次の五年、中国から尖閣諸島の施政権、実効支配を守り切ることが日本の安全保障上の最重要課題であるといえる。

２０１７年12月にロイター、共同通信などが報じているが、同年２月20日の中央軍事委員会拡大会議（非公式）で習近平は、日本の実効支配を打破するための沖縄・尖閣諸島周辺での軍事行動の強化を指示している。今後５年が日本の尖閣防衛の正念場であるといっても過言ではないだろう。

ベトナムとの対立とインド国境紛争再燃の懸念

習近平政権にとって「手ごろな戦争」として、可能性として高いといわれているのは、やはりベトナムとの戦争だ。南シナ海におけるベトナムとの領有権争いはなおホットな状態だ。日本ではあまり報道されていないが２０１７年夏、中国船２隻がベトナム漁船４隻を襲撃して、一隻撃沈されたり、中国海軍がパラセル諸島海域で実弾演習をしてみたり、挑発を続けている。ベトナムは中国と領有を争う南シナ海海域での石油掘削を開始したものの、中国から、掘削を継続するなら、スプラトリー諸島のベトナム駐留軍を攻撃するという強烈な恫喝《どうかつ》を受けて、掘削を停止したらしい。今の中国とベトナムの国力差は、かつての中越戦争時代とは比較にならないほど拡大しているので、ベトナムもこの恫喝に屈せざるを得なかったのだろう。

もし、習近平政権が先にあげたようなリスクに直面し、その権力基盤が揺らいだならば、圧倒的な軍事力でもってベトナムが実効支配する南シナ海の島々をいくつか奪うという作戦にでるかもしれない。ベトナムとの戦争は鄧小平時代に経験し、成功体験を得ている。

一番、相手方の力量を予測しやすいうえ、中越戦争、国境紛争時代とは違い、今のベトナムの中国経済依存はかなりすすんでおり、中国にとって有利な落としどころを見つけやすい。ただ、ベトナムの背後にはロシアの利権、米国の利権もあり、もしベトナムと紛争を起こせば、この二大大国がどのくらい干渉してくるのか、というところを見極めねば、中国も簡単には手を出せない。なので、漁船を襲ってみたり、小さな挑発を重ねたりして、様子見をしているのだろう。

次に可能性として高いのはインドとの国境紛争再燃。ネパールとブータンをはさんで長い国境を接する中国とインドの間では、所属未定地とされる地域がある。インドが実効支配するアルナーチャル・プラデーシュ州、インドとパキスタンが領有権を争うカシミール地方に隣接する、中国が実効支配するアクサイチンなどだ。

中印国境紛争は1962年、世界がキューバ危機に注目しているスキをねらって、国境をめぐる対立のあったインドに対して侵攻したことによる紛争だ。当時、毛沢東は大躍進の大失敗によって3000万人の餓死者をだし、その政治的立場が危うかった。内政の問題を帳消しにするため外国に紛争を仕掛けたとみられている。

結果からいえば、中国軍の奇襲にインドは圧倒され、中国側は優勢な状態で一方的に停戦宣言した。この勝利をもって、毛沢東は人気を盛り返し、軍権を掌握しなおし、また中国はアクサイチンを実効支配した。ちなみに、中国のやり方に影響を受けたパキスタンがカシミール地方に武装集団を送り込んだのをきっかけに起きたのが第二次印パ戦争である。この後、インドは核保有国になることを選択するのだった。

この後、中印の間で小競り合いは絶えなかったが、大きな紛争は起きていなかった。

だが2017年夏、中印国境紛争以来の本格的な中印戦争が起きるのではないかと一瞬緊張が高まる事件があった。中国とブータンが領有権を争っており、ブータンが実効支配しているドクラム高地に中国サイドが侵入し、ブータン陸軍兵舎に向かって、軍用道路を建設しはじめたからだ。

ドクラムは標高3000メートルの高地で、インド・シッキム州に突き刺さるように食い込む中国領チュンビ渓谷に隣接する。ドクラム高地の南方はシリグリ回廊と呼ばれる、ネパールとバングラデシュに挟まれた幅32キロの回廊地形で、インド北東部からインド中枢地帯を結ぶ戦略要衝地だ。インド側からすればドクラム高地は、インド中枢への中国侵攻を警戒する上でも中国に実効支配されるわけにはいかない。

ブータンは非力な小国であり、中国に厳重抗議したが、らちはあかない。そこで、ブータンの庇護者的立場にあるインド軍がシッキム州からドクラム高地に入り、この道路建設を阻止。ドクラム高地で中印両軍がわずか150メートルの距離でにらみ合う事態となった。

この事件が6月半ばに発生したのち、およそ2ヵ月あまり、両軍はこの国境地域で対峙した。中国側はインド軍の撤退を求め、インド側は中国の軍事道路建設の中止を求め、双方が譲らず、事態は一触即発の緊張をはらんだ。

中印国境での両軍の小競り合いは実のところ日常茶飯事ではある。だが、この両軍対峙がいつもと違う緊張感をまとい始めたのは、中国がインドにいる中国公民に対して「安全注意を促す通達」を出し、環球時報が「モディ政権が警告を無視し続けるなら、中国が報復措置に出ることは避けられない」などと、軍事衝突の可能性もほのめかす社説などを発表しはじめたからだ。

しかも、国際社会が北朝鮮危機に注目しており、習近平政権は経済政策の失敗続きの上、権力闘争のしすぎで党内の政敵も多い。1962年に毛沢東が中印戦争を仕掛けた環境に似ている。インドも緊張したに違いない。

結果からいえば、2017年8月28日、中国側が道路建設を中止し、両軍とも即時撤退することで合意し、衝突の危機は回避された。インドは9月3日から中国福建省アモイ市で開催されるBRICS首脳会議へのモディ欠席を交渉材料に、中国に妥協を迫ったようだ。

BRICS首脳会議は習近平政権一期目最後の外交晴れ舞台だ。主要国のインド首相に欠席されれば、ホスト国の体面が大いに傷つく。習近平は自分の体面を優先させ、とりあえずは道路建設をあきらめてインド側に譲歩する形で、矛をおさめた。

これはインド側の勝利というニュアンスで多くのメディアが報じた。だが、中国が北朝鮮危機に乗じて、小国ブータンの実効支配地域を奪おうとする可能性には気に留めておくべきだろう。

ブータンへの飴と鞭

ところで、ほぼ同じタイミングで、中国はブータンに対し100億ドルの経済支援を提示しているという情報がある。インド外交当局者がインドメディアに語ったものだが、ブータンは否定している。ブータンと中国は国交がない。

理由はインドがそれを許さないからだ。ブータンが中国と国交を樹立しようとした2013年、インド側はブータンの総選挙前に家庭用ガスや灯油への補助金供与を突然廃止し、中国との国交樹立派であった与党・調和党を惨敗させた。

中国は2018年のブータン総選挙を控えたこの時期、経済支援と軍事的圧力双方、飴と鞭で、ブータンをとりこもうと戦略的に動いているともいえる。サラミ・スライス方式で、ブータンの出方、インドの出方を確かめながら、中国はタイミングを狙ってこの戦略要衝地を手に入れようとしているのだ。

いまや核保有国の大国インドではあるが、タイミングと国際世論をうまくつかめば、中国内政を引き締めるための小規模紛争を効果的に仕掛けて、習近平独裁に向けた基盤固めも可能だろう。

こうした事態を予想しているからこそ、日本の安倍政権はインド太平洋戦略を考えだし、米トランプ大統領にベトナムＡＰＥＣ（２０１７年11月10日）の演説でも言及させたのだ。これは中国の軍事戦略としての一帯一路構想に対抗する戦略ともいえ、また南シナ海の一部島々の中国による実効支配を許してしまったオバマ政権時代の失態を挽回するためのアイデアでもあろう。

トランプがインド太平洋戦略について日本の意図を正しくくみ取っているかどうか、という疑問はあるかもしれないが、珍しく日本が主導した中国包囲網形成の外交であり、米トランプ政権が多国間外交を苦手としているなか、こうした日本が仕掛ける多国間外交が今後、意義をもってくるのではないかと期待している。

インドは中国に匹敵する大国のポテンシャルをもつ民主主義国家である。米国、ロシアと距離をおきつつ、中国の一帯一路をすっぱり拒絶する、自立した大国であるが、幸いモディ政権は日本の安倍晋三政権と相性がよい。日印外交が、そのうちアジアの平和維持の一つの基軸になるやもしれない。

鄧小平の〝香港返還〟を超える偉業・台湾武力統一を目指す

「手ごろな戦争」というわけではないが、解放軍が軍事行動計画として最もプライオリティを置いているのは台湾統一作戦である。解放軍が想定しているといわれる六つの軍事行動計画、①台湾統一、②南シナ海島嶼《とうしょ》奪還、③南チベット（中印国境）奪還、④釣魚島・琉球（尖閣諸島・沖縄）奪還、⑤外モンゴル統一、⑥ロシア占領地奪還、の筆頭が台湾統一である。

米共和党系シンクタンク「プロジェクト２０４９研究所」の研究員、イアン・イーストンが中国人民解放軍の内部教材などを基に２０１７年10月に著した『中国侵略の脅威』は、２０２０年の解放軍の台湾武力統一計画書の全容を暴露し、国内外で反響を呼んだ。

それによれば、作戦行動は三つの段階に分かれている。海空封鎖・爆撃、水陸両用タンクによる上陸作戦、地上作戦だ。まず大量のミサイル発射によって海上と上空の封鎖から始め、40万兵力をもって上陸作戦を展開する。このとき、波状式に砲火を浴びせ台湾の防衛線を攻撃しながら、電子干渉設備によって台湾軍の通信システムを破壊する。

解放軍は台湾を得るためであれば、国連軍との関係を破棄してもかまわない、としている。同書によれば、中国の台湾征服の戦略的目標は、東アジアおよび西太平洋での覇権を打ち立てることであるという。作戦期間は２週間以内を想定している。

この作戦計画が存在すること自体は、以前から指摘されており、格別に驚く内容でもない。解放軍としては、予算申請などのために、こうした具体的な作戦を中央に提示することは必要だ。だが、習近平政権2期目のこのタイミングで、この計画が暴露されたことに、やはり何か不穏な空気を感じる。

台湾海峡を望む福建省、台湾ビジネスマンの進出が多い浙江省、上海市で行政経験を積んだ習近平は、歴代総書記の中で自分こそが最も台湾を深く知り、中台統一を実現するにふさわしい国家指導者であると思っている、という話を聞いた。それは噂というより、習近平の台湾に対するアプローチを観察していれば、そう思わざるを得ない部分があるのだ。習近平は自分が政権トップのうちに中台統一を実現するつもりでいる。それが平和統一か、武力統一かにかかわらず。

台湾は馬英九政権時代、びっくりするほどあっさりと中国経済圏にとりこまれていた。それは、胡錦濤政権が「中台統一」という言葉を封印して油断させたうえ、馬英九政権と両岸経済協力枠組協議（ECFA）を締結した際に、かなり台湾に利益を譲るかたちの条件をのんだからだ。

胡錦濤政権は経済的に小さな台湾を併呑できれば、スポンサーを通じてメディアをコントロールでき、メディアを通じて台湾世論をコントロールできると見越しており、実際、習近平政権が登場するまでは時間さえかければいつのまにか、中台が融合していくだろうと国内外識者は思っていたようだ。

ところが、習近平政権になって封印されていた「中台統一」論が喧伝されるようになった。そして台湾メディアへのあからさまな影響力行使が目立ち、台湾市民が警戒感を高めていたところに、馬英九政権は中台間のサービス分野の市場開放を目指す「サービス貿易協定」の中身をほとんど公表、審議しないまま２０１３年６月に批准した。

これは、フタを開けてみると中小企業の多い台湾のサービス業界などが中国企業にのみ込まれかねない内容で、野党と市民の猛反発を受けた。この反対世論の後押しを受けるかたちで、２０１４年３月18日、学生たちが立法院（日本の国会議場にあたる）を占拠、世にいう「ひまわり学生運動」が起きるのである。

この運動から始まった世論の変化によって、その翌年の地方選挙と翌々年の台湾総統選挙・立法院選挙で国民党は歴史的惨敗を喫し、現在の民進党・蔡英文政権がスタートする。２０１５年11月7日はシンガポールで習近平と馬英九は分断後初の中台首脳会談を実現するが、このとき馬英九政権の支持率は一桁に陥り、死に体であったこともあり、歴史的事件のわりには台湾世論も国際メディアも冷ややかな反応だった。

習近平としては馬英九と中台統一にむけた平和協定の締結を行って、ノーベル平和賞でも受賞したかったのかもしれないが、その野望はあっさりやぶれた。

しかし、習近平はまだあきらめていない。平和統一が不可能ならば武力統一でと、今度は武力統一論を盛り上げている。テレビの軍事チャンネルで台湾総統府にそっくりの建物を攻撃する演習風景を流してみたり、メディアを通じて「平和統一の可能性はゼロに近くなった、武力統一が一番現実味がある」といった識者の意見が拡散されている。

国家統一法

2017年3月の中国の全人代（全国人民代表大会＝国会のようなもの）で、「国家統一法」制定に向けた議論が進んでいるという情報も流れた。代表の一人、北京大学台湾研究院の李義虎が一部海外メディアの取材を受けて、そう答えた。

すでに反国家分裂法が2005年に制定されており、これが事実上の武力による台湾統一の選択肢を認めた〝国家統一法〟だといわれてきたが、それ以上に効力のある法律を制定したいということだろう。情報のリークは台湾に対する一層の牽制が目的であり、本当に成立するかどうかは未定。しかし、台湾に蔡英文政権が登場して以降、習近平は台湾武力統一に世論を誘導しているふしがある。

反国家分裂法は2005年に制定されたものだが、当時は非平和的手段による統一、つまり武力統一の条件が盛り込まれたことが衝撃をもって報じられた。このとき、非平和的手段を用いる三条件としてあげられたのは、〝台湾独立〟が画策されたという事実、〝台湾独立〟事変が発生したという事実、平和統一の可能性が完全に喪失したこと、だ。

李義虎は、このような抽象的な表現では、不十分だという。つまり、もっと武力統一の可能性を考えた具体的な法律が必要だということであり、それが国家統一法ということである。

実のところ、胡錦濤政権下に作られた反国家分裂法は、武力統一の条件が盛り込まれたものの、法律としての照準は平和統一に置かれていた。反国家分裂法は陳水扁政権に的を絞って作られたものだ。

陳水扁政権は憲法改正など台湾の現状を大きく変えるアクションを起こしかねない政権であると考え、中国としてはむしろ台湾側から仕掛けられる現状変更を牽制するためにこの法律を制定した、といわれている。

繰り返すが、胡錦濤政権は反国家分裂法を制定してのち、両岸統一（中台統一）といったスローガンを封印し、ひたすら経済関係の緊密化政策を進め、このまま台湾を併呑していくだろうと当時は予測されていたのだ。

だが、習近平政権は、急に中台統一のスローガンを再び叫びだし、中国のほうから現状変更を仕掛けてきた。しかも習近平政権が極めて独裁志向が強く、文革の再来といわれるような人権・自由・民主の弾圧を行っていることも明らかになり、台湾人がついに危機感に目覚めるに至った。その流れの中で起きたのが、蔡英文民進党政権の誕生で、民進党政権下で、中台の平和統一というシナリオは少なくとも短期的には無理筋となった。

つまり、中台平和統一の芽を摘んだのは、習近平の対台湾政策の失敗といえる。だからこそ、習近平としては、その失敗をないことにするためにも一層、中台統一に執念を燃やすようになったりだろう。

もともと、同じ中国人であった国民党と共産党の内戦で、敗北した国民党が逃げ込んだ先の台湾に政府をつくってできたのが中華民国だ。双方がわれこそは唯一の中国と言い張ってきた。このそれぞれが「唯一の中国」を主張する二つの中国（中華人民共和国と中華民国）が一つになることは中国人の悲願であり、それを為し得れば、共産党の求心力は間違いなく一気に向上する。

習近平にしてみれば、それは香港返還を実現させた鄧小平以上の指導者としての地位を確立することになるだろう。全党員、全人民が鄧小平よりも習近平が上だと納得するほどの、香港返還をしのぐ偉業といえば、中台統一か釣魚島（尖閣）〝奪還〟である。

もっとも昔から台湾に暮らしている人たちにすれば、台湾に逃げ込んできた国民党政権は外来政権であり、自分たちは侵略されたわけである。彼らの願いは、台湾を国民党政権から取り戻すことだ。そして、民主化された選挙による政権交代というかたちで台湾人はすでに台湾を取り戻しているので、当然、中台統一論というのは受け入れられない。そうなると、中国共産党としては、平和統一というかたちではなく、武力による台湾進攻、領土の〝奪還〟という選択肢しかなくなってくるのだ。

習近平を惑わすトランプの言動

さらに習近平を焦らせているのは、台湾で蔡英文民進党政権が発足したこと以上に、トランプ政権が発足した当初、「一中政策」放棄をカードに、中国を揺さぶろうという姿勢を見せたことが関係している。トランプ大統領は、最終的には、習近平との直接電話会談で、「中国が唯一の中国である」として、従来の一中政策維持を確認したが、習近平政権はこのとき、米国が台湾の独立を後押しする方向に政策変更するのではないかと、一瞬おびえたのだ。

この後、トランプの関心は中東問題と北朝鮮問題にうつり、台湾問題を米中外交の俎上《そじょう》にのせることは2017年12月時点まではないが、気まぐれなトランプのことだから、またいつ台湾に対するスタンスを変更してくるかもしれない。中国としては、その前に台湾統一を確実なものにしておきたいはずだ。

とすると、習近平政権2期目がリスクに直面し、「手ごろな戦争」が必要となったとき、「台湾進攻」というシナリオも、かなり有力な選択肢として浮上する。

もちろん、このときの米国の姿勢、国際情勢は大きく関係してくる。もし国際社会が中国の経済的影響力の大きさの前に、台湾の存在を軽んじるようになっていれば、あるいは現在の台湾の安全保障上の最大の庇護者である米国が、民主主義国家としての台湾の戦略的存在意義を見誤れば、このシナリオは非常に現実味を帯びてくる。

習近平の鄧小平を超える独裁者、第三の強人政治家としての偉業にはこれほどふさわしいものはないからだ。

私は、このシナリオを防ぐことができる鍵となる国は、日本だと思っている。日本は、きちんと台湾の民主主義国家としての独立性の地政学的な意義、自国の安全保障上の意味を理解して、国際社会および米国に訴え続けることが重要だろう。

中国主導の朝鮮有事の可能性

２０１７年夏から年末にかけて、北朝鮮有事の可能性は高くなった。高くなったといっても、確率的には〝絶対ありえない〟と思われていたものが、〝ひょっとすれば〟ぐらいの可能性である。しかし、戦争というものは、常にこの〝ひょっとすれば〟という可能性の段階で、対応しなければ悲惨な結果を引き起こす。

北朝鮮有事の可能性が高まった理由の一つは米トランプ政権と北朝鮮・金正恩《キムジョンウン》政権の挑発合戦がエスカレートしていて落としどころがみえないことだが、もう一つは習近平政権と金正恩政権の相性の悪さである。しかも党大会後の習近平政権二期目の政治局常務委員会は、張徳江、劉雲山、張高麗ら北朝鮮利権グループが引退した後、北朝鮮を擁護するメンバーが入っていない。

この北朝鮮とのパイプを持つ人材の少なさのせいで、党大会後の恒例の北朝鮮への特使という重役が宋濤（中央対外連絡部長）という中央委員になったばかりの〝下っぱ〟に任されることになり（従来は政治局常務委員、最低でも政治局委員、北朝鮮側は栗戦書が来ると思っていたらしい）、金正恩への面会もできなかったということになっている。一説によれば、〝お茶も出してもらえなかった〟というジョークさえ飛ぶ、冷遇だった。

習近平と金正恩は没交渉であり、お互いに悪感情をもっているといわれる。その上、政権内に北朝鮮を擁護する人物がおらず、それどころかまともに北朝鮮と外交ができる人材がいないとなると、中朝関係は今後、劇的に変わる可能性がある。

習近平が金正恩を嫌悪しているのは、金正恩が繰り返し、中国を挑発してくるからである。６回目の核実験（水爆実験）は、中国福建省アモイ市でＢＲＩＣＳ首脳会議が開催される当日、９月３日であった。習近平はこれを中国への挑戦と受け取って、激怒したそうだ。この後に出された国連の制裁決議は、当初案よりもかなりマイルドに修正されたとはいえ、さすがの中国も支持。また独自に四大銀行の北朝鮮顧客口座の送金を凍結させるなどの制裁に踏み切っている。

さらに言えば、党内の北朝鮮利権グループは、習近平の政敵にあたる江沢民派・上海閥や解放軍瀋陽閥・東北閥が中心で、政敵を追い落とす上でも、〝米国に頼まれた〟という建て前を利用して北朝鮮への制裁を強化してみせるのは習近平個人としてはやぶさかではないはずだ。

党大会の開幕や閉幕に合わせて北朝鮮が核実験やミサイル実験をするのではないか、そうなれば中国としても重油供給をやめるなど、これまで以上のアクションをとるのではないか、といわれていたが、その直前に、北朝鮮の工作員７人が中国当局に逮捕されたことが韓国メディアで報じられた。

報道によればこの７人は金正恩の異母兄弟、金正男《キムジョンナム》の長男・ハンソルの暗殺目的で北京に潜入していたという。ハンソルの身柄を保護しているのが中国なのか米国なのか、あるいはヨーロッパのどこかの国なのかは不明だが、北京には正男の最初の妻と息子もおり、中国側もハンソルとの連絡は維持している。

北朝鮮の工作員たちは党大会前の警備強化の網に引っかかったそうだが、これは北朝鮮に対する強力な牽制カードになったはずだ。党大会中、金正恩がおとなしかったのは、このカードの影響力であったという見方もある。

だが、金正恩が習近平との関係をすぐに修復しようとしていないことは、宋濤への冷遇を見ても推測されている。習近平は11月8日に北京でトランプと会談しているが、その時のトランプの上機嫌のツイートや、米中貿易不均衡問題についての責任は中国ではなくオバマ政権にあるとして、中国を擁護した対中融和的な態度をみるに、中国側からは北朝鮮問題に関してはかなり協力的な言質《げんち》を引き出したのではないか、と推測する。

北朝鮮が攻撃された場合は中国が援軍を出さねばならないと規定する中朝友好協力条約の更新年が2021年だが、たとえば条約更新をしない、あるいは北朝鮮有事の際には中国は静観するという姿勢を明確にしたのかもしれない。

北朝鮮が核兵器開発を進めてこられた理由

北朝鮮がここまで着実に核兵器開発を進めてこられたのは、金正恩側が主に三つの点で、米中の足元をみているという状況がある。

一つは、米国の目下の関心の中心は北東アジアではなく、アフガニスタンやイランなど中東にあり、中東と北東アジア、両面同時には具体的な作戦を行う実力がもはや米国にはないだろうと見越している点。

二つ目は、中国にとって北朝鮮は重要な外交カードであり、そう簡単に見捨てられるわけがない、とタカをくくっているという点。米軍が中国に断りなしで北朝鮮を攻撃することは常識的にあり得ない。また、中国も米軍の攻撃の際には何らかの軍事的対応をとるはずである。たとえば北朝鮮の核兵器の安全確保一つとっても、在韓米軍や韓国軍に任せるよりは、解放軍を動かすほうが地理的にも近いし、なにより朝鮮半島は自国の領土の延長であるという思想をもつ中国は、米軍に38度線を越えさせたくないのだ。だが中朝国境を守る北部戦区陸軍は、習近平の政敵である徐才厚（失脚済）残党が残る旧瀋陽軍区が母体で、軍権の掌握がまだ完成していない習近平にしてみれば、対北朝鮮軍事行動は時期尚早かもしれない。

三つ目は、ロシアが水面下で北朝鮮を支援している点にある。しかも、習近平は金正恩政権からハンソル政権への交代も選択肢に入れていると聞くが、ロシアはあくまで金正恩政権維持を支持している。

ロシアは北朝鮮の労働者を受け入れ、核開発資金を支えてきた。またロンドンに本部を置くIISS（国際戦略学研究所）のリポート（8月14日発表）によれば、北朝鮮のロケットエンジン開発にはロシアも関与している疑いがある。リポートによれば、発動機はウクライナの工場で2001年まで作られていたRD−250型ロケット発動機の技術だが、たとえ旧ソ連崩壊のどさくさで不正に北朝鮮に流出したとしても、完全に複製するには、設計図や技術者のサポートが必要で、それを提供できるのはロシアと中国しかない、とウクライナ国立宇宙機関の責任者はコメントしている。

ちなみに中国が江沢民政権時代に、北朝鮮の核保有のために積極的に技術供与してきたことは後にウィキリークスで暴露された。中ロにとって北朝鮮の核問題は、対米交渉や北東アジアのパワーポリティックスにおける切り札となってきた。

金正恩は、まさに米、中、ロ三者を牽制させることでできる空間の中で、核兵器保有国への階段を着実に上ってきた。

こういう状況において、この北朝鮮の核問題の落としどころがどこになるかは、未定である。中国は「双暫停」（米朝双方の暫定停止：北朝鮮は核・ミサイル実験を暫定停止し、アメリカは米韓合同軍事演習を暫定的に停止する）の条件を北朝鮮が受け入れ、米朝対話が実現することを目標にしているが、金正恩政権がおとなしくそれを受け入れるとは考えにくいし、たとえ米朝対話にこぎつけても、北朝鮮が核兵器廃絶をのむとも考えにくい。

となると、北朝鮮を核保有国として認めるかという問題になるが、そうなると中国が最も恐れる事態、つまり極東の核保有競争、日本の核保有と再軍備拡大を引き起こす可能性がある。

トランプの本音がどこにあるかはわからないが、どうやら北朝鮮問題の対応に関しては全面的に中国に任せたいような姿勢である。これは2017年4月上旬のトランプ・習近平会談において、習近平が主張する「半島はもともと中国の一部」という説得に応じた格好だ。

つまり、中国がなんとか北朝鮮を説得するなり恫喝するなりして、責任をもって核兵器開発をやめさせろ、その代わり、トランプ政権が当初予告していたような対中経済制裁などは先送りするし、台湾政策・一中政策も変更せず、南シナ海問題も当面棚上げする、ということになった。

だがトランプは、すでに中国に金正恩政権をコントロールする力がないことを見破っているだろう。それでも中国に頼るそぶりを見せるのは、どういった狙いがあるのか。ひょっとすると北朝鮮有事という泥沼に中国を引き込むことが中国の国力を削《そ》ぐことになる、と考えているのかもしれない。

一方で、中国にしてみれば、米国が北朝鮮を攻撃し、かつての中東のような泥沼化を引き起こせば、米国のレームダックを早めることができるとでも期待しているのだろうか。目下の状況を客観的にみれば、中国も米国も双方、相手が先に北朝鮮に対してコトを仕掛けるのを待っているようでもある。おそらくは、すでに両国の関心事は北朝鮮の核問題そのものではなく、その先に待ち受けている米中冷戦構造を見据えているのかもしれない。

中国が北朝鮮問題で本当に恐れていること

中国が想定する北朝鮮有事のリスクとは、実際のところ核ミサイルそのものではない。毛沢東の「核戦争論」の「世界は死んでも中国人は3億人生き残る」ではないが、北朝鮮が中国に核ミサイルを向ければ、撃ち合いとなって中国がいかなる犠牲を払っても必ず勝つのだ。さすがに金正恩もそこまで愚かではなかろう。

中国がリスクとして挙げているのは、有事そのものよりも、有事の緊張が高まるにつれ増える難民の流入や北朝鮮の核兵器管理ミスによる国境の放射能汚染、有事後の半島の核管理、治安維持、そして、有事の影響で地縁政治と大国関係が変化することである。

この中でもっとも中国が懸念しているのは、地縁政治、大国関係の変化。つまり北朝鮮の体制が変化し、半島における米国の軍事プレゼンスが強化されること、あるいは、北朝鮮が核保有国として認められることで、日本が核保有国を目指し、極東の再軍備競争が展開されることにある。特に、日本が本気で核保有や核シェアリングを含む再軍備競争に入ることは、おそらくは北朝鮮の核保有以上に中国の神経を逆なですることになろう。

こうなってくると、北朝鮮問題に対する習近平政権の選択肢としては、当然、北朝鮮有事が起こるならば中国が主導権をとる、というものも出てくるのだ。きっかけは米国のアクションだとしても、最終的には中国が国際社会の期待に応えて、北朝鮮の核管理と有事後の混乱した社会の治安回復などの始末をつけるというかたちが望ましい。

北京大学国際関係学院院長の賈慶国がオーストラリアの国際専門誌「イーストアジア・フォーラム」（2017年9月号）に寄稿した「北朝鮮で最悪の事態に備える時」と題した記事で、そのような具体的対応を中国は米韓と話し合うべきであるとの提言を行っている。これは習近平政権の北朝鮮対応に関する観測気球ではないか、と国内外で話題となった。

こうした状況を総じてみると、習近平政権2期目の北朝鮮に対する中国のスタンスのなかには、中国主導の北朝鮮有事、あるいは北朝鮮有事後の中国主導の後始末、という選択肢が含まれるようになっていると考えるべきだろう。すでに政権内部には、北朝鮮の立場で擁護にたつメンバーはいないのだ。

習近平の外交は、しばしば、国家の体面や外交セオリーよりも、個人の感情を優先させる場面がみられた。習近平の性格であれば、北朝鮮との歴史的な友誼《ゆうぎ》関係を個人の感情で破壊することもありうるのではないか。

さらに言えば、習近平が「手ごろな戦争」を望むならば、それは北朝鮮の核兵器廃絶を目的とした「懲罰」や「圧力」を建て前に、解放軍を動かすというシナリオは、もっとも国際社会の賛同を得やすいかもしれない。米国からの頼みを引き受けるかたちで、北朝鮮の核廃絶を目的として、習近平政権が解放軍を動かすとなれば、国際社会は、習近平の「戦争」を正義の戦争として評価せざるを得ない。

そして、その見返りに、中国は米国に韓国のTHAADミサイルの撤去や、在韓米軍の撤退を認めさせることができるかもしれない。もし、韓国が親北朝鮮で反米反日的な文在寅政権のままであれば、中国主導の南北統一シナリオということもありうるかもしれない。

そういうかたちで半島を中国が事実上併呑《へいどん》できれば、習近平長期独裁体制の野望は妄想でもなんでもなくなる。そして、このシナリオは、完全に中国化し、米国プレゼンスが後退した半島の鼻先にある日本にとって、けっして北朝鮮の核兵器問題が解決された、と拍手で受けいれられるようなものではないだろう。

もっとも、このシナリオにはロシアの影響力が計算されていない。ロシアは今のところ中国との蜜月を演じているものの、6000キロも国境を接する二大国家が、永遠に蜜月でいるのはむずかしい。レアアースなどの資源の宝庫であり地政学的要衝地でもある半島は、ロシアにとっても影響力を維持したい地域であり、中国の一方的な主導で北朝鮮問題を処理されるのは、面白くないはずである。

可能性としてはやはり低いかもしれないが、〝ひょっとして〟という不安を日本は念頭に置いておく必要がある。北朝鮮には日本人拉致被害者がとらわれており、北朝鮮の核兵器は米国や中国にとってよりも、日本にとって、より脅威であることを考えれば、北朝鮮の核問題と半島の未来について、日本のビジョンというものをもっと強く打ち出す必要があるのではないか。それこそ、北朝鮮が核兵器廃絶に応じなければ、日本も核保有の選択肢を考える必要がある、くらいの脅しをかけてみるのも一つのやり方ではないかと思われるのである。

習近平はフルシチョフになる可能性

「手ごろな戦争」をしかけて、勝利することによって軍権を掌握しつつ、国内大衆の不満の矛先を外国に向けさせ、愛国心の高揚でもって共産党の求心力をとりもどし、執政党の正統性を維持する、というシナリオについて、いくつかに分けて具体的に考察してみたが、こうしたシナリオが失敗することで習近平の指導者としての正統性が完全に失われてしまうという可能性は当然ある。というより、失敗する可能性のほうが圧倒的に高いだろう。

習近平はフルシチョフと類似点があるという論文をかつて読んだことがある。筆者はカナダ国籍の華人軍事評論家・平可夫（ピンコフ）だ。要するにフルシチョフも集団指導体制を無視して、自分への権力集中を図ったし、大規模な軍制改革をやった。また南シナ海やインド国境、尖閣諸島で対外的な挑発を行い続ける習近平と、キューバ危機を引き起こしたフルシチョフは似ているところがある。フルシチョフも米国をみくびり不必要に米国を挑発し、キューバ危機を引き起こした。

だが、強気で強引なフルシチョフの言動の陰で、その権力集中に反感をもつ反フルシチョフ派閥が水面下でフルシチョフの追い落としを着実に準備し、また軍制改革が原因で軍内部には不満が募っていた。キューバ危機は一触即発の段階まで進んだが最終的にはフルシチョフは米国に妥協。キューバ危機は回避できたが、軍部からは弱腰と非難された。それが10月政変の直接の導火線となり失脚したのだ。

もし習近平がフルシチョフに似ているというなら、党内に反習近平派がその追い落としを準備しているかもしれないし、軍内には習近平への不満が潜んでいる。そして「手ごろな戦争」は習近平の軍権掌握や求心力に利するようなかたちで終わらず、むしろコテンパンにやられて返り討ちにあって、習近平の体面を損なうような結果に終わるかもしれない。そして、それが習近平失脚への導火線となる、ということになる。

習近平の長期独裁体制を阻み、赤いファシズム帝国の台頭を阻止するためには、「手ごろな戦争」を起こさせないこと、「手ごろな戦争」が起こりそうになって危機が高まったときには習近平の軍事的メンツが徹底的に損なわれるようなかたちで収束させなければならないことが重要となってくる。

旧ソ連はフルシチョフの失脚後、ブレジネフ時代の長い低迷期をへて、やがてゴルバチョフの時代となった。西側世界からみれば、ゴルバチョフはヒーローだが、習近平はゴルバチョフをソ連共産党の独裁体制を破壊した「失敗者」と見ている。一部、いまだに習近平が「改革派」であると信じる知識人たちは、習近平がゴルバチョフのように、中国を民主化させていくという人もいる。習近平が大統領制を導入し、中国最初の大統領となる、という人もいる。だが、党内部での演説や周辺の政策ブレーンの話では、習近平はゴルバチョフを非常に軽蔑しており、けっして自分はゴルバチョフのように共産党の権力を失わせることはない、と繰り返し言っているそうだ。

習近平は、選挙で選ばれたロシアの独裁的強人政治家、プーチンにはあこがれていて、プーチンの伝記などはよく読んでいるという。なので自分も、プーチンのように選挙で選ばれた強人政治家でありたい、と考えているのは本当のようだ。

もし3期目、4期目と長期政権を打ち立てたいならば、やはり選挙で選ばれた指導者という正統性が必要になってくるだろう。第19回党大会では、習近平はあえて後継者指名をせず、政権2期目を終えた時点で自分の権力基盤が固まっていれば、総書記か党主席の地位を選挙で選出したいと考えているという話も聞く。

だが、それをもって習近平が開明的で民主的な指導者を目指しているというのは誤解だろう。もし本当に公正な自由選挙を行えば、習近平が勝てない可能性のほうが高いだろう。経済政策の失敗、社会弾圧事件の多さを見れば、習近平に3期目を預けようと有権者は思うだろうか。群衆路線が比較的はっきりと失敗に終わっている現状では、少なくとも自分が負ける可能性のある選挙をやろうとはしないだろうし、もし、それでも選挙を導入にしようとするならば、それはおそらく不正な選挙である。

だが、習近平政権2期目に、習近平が再び群衆路線を掲げ、メディアとネットを総動員して、世論を習近平支持に導くことに成功したならば、本当に恐ろしい、民主主義で選ばれた強人独裁者が統治する赤いファシズム帝国が、米国やロシアを押しのけて世界の秩序を打ち立てるかもしれない。

歴史的に中国は戦争国家

実は最も恐ろしいのは、14億人民が支持する毛沢東のような独裁者が、民主主義的なシステムで選ばれ長期政権を打ち立てることだろう。有権者が富国強兵を望み、他国との戦争を望み、民主や自由や法治や公正さといった価値観よりも、領土拡大の野心を優先させ、周辺国に軍事的挑発を仕掛けていくような国になることである。

中国はもともと、力で相手を屈服させることを是とする価値観がある。その歴史を振り返れば、建国前は戦争に次ぐ戦争で、建国後は動乱につぐ動乱。人々が生き抜くためには、人をだますことも親兄弟を密告することも余儀なくされた時代が長かった。弱い者から死んでいき、強い者が弱いものを食って生き残る、そういう苛酷な時代を経験してきた。

中国の王朝の歴史を振り返れば、人口が半分になったり10分の1になったりする時代が何度も繰り返されている。こうした厳しい歴史を生き抜いてきた人たちのDNAは、おそらく四季に恵まれ、海に囲まれて外敵の侵入もあまり経験のない穏やかな国に生まれてきた人とは違うだろう。中国人は力を重んじる、力の信奉者だ。一方、日本人は和を重んじる。

中国人には、強い者が主張をとおし、より多くの利益を受けるのは当たり前だし、それが嫌ならば強くなればいいだけのことだ、という人が多い。そして強くなるためには手段を選ばなくてもいいし、弱いままでいるのは、知恵がたりないか、努力がたりないか、生まれながらの小人かのいずれかという。権力、金、腕っぷし、そういったものを備えている人が尊敬を受けるし、人は従いたくなる。

中国の大衆というのは実は、毛沢東のような圧倒的な強者が好きなのだ。それがたとえどんなに残酷であっても。だから中国が民主的選挙をやれば、残酷な独裁者を選ぶということは十分にあり得そうな話なのだ。

ちなみに、日本は和を重んじ、出る杭は打ち、みなが平等で同じようであろうとする。よく言えば調和的だが、悪く言えば同調圧力が強すぎるし個性を認めない、といわれる。集団行動が得意であり、絶対強者というものはあまり存在せず、その集団の中のバランス次第で、ときに弱者のふりをすることのほうが要求を通し、利益を多く受けることもある。判官びいきという言葉に象徴されるように、強者よりも敗者、弱者にシンパシーを感じる人も多い。

だからなのか、日本の有権者が選ぶ政治家、指導者は突出して能力があるような印象の人よりは、非がない人、感じのいい人、あるいは調整能力のある人が選ばれやすい。能力があっても残酷で暴力的で秩序を乱すような人間は望まれない。強さよりも、優しさや思いやり、善良さが尊ばれる。

いち日本人として、どう中国に向き合うか

では中国において、どうやったら独裁者の登場が阻めるのだろう。どうやったら普通の民主主義が登場するのだろう。日本として、日本人として何ができるのか。

今の習近平路線は、西側の価値観を完全否定し、外国を敵対勢力とみなし、経済を犠牲にしてでも、強軍化と民族の偉大なる復興を中国人民の共通の夢として掲げている。もし、閉ざされた国で、何の情報もなければ、たとえば毛沢東が紅衛兵を熱狂させたように、多くの中国人がそんな「中国の夢」にあこがれて、習近平路線を支持したかもしれない。

だが、幸いにも、現代中国は、情報統制やネット統制は厳しいものの、決して完全に閉ざされた国ではないのだ。

文革が終わった後の80年代、外国の文化がどっと中国に流れた時代があった。このとき、中国人に最も影響を与えたといわれる文化コンテンツの一つが、日本の高倉健主演の映画「君よ憤怒の河を渉れ」などの日本映画だった。自力で冤罪を晴らそうと闘う検事・高倉健の姿は、文革で冤罪に苦しんだ人たちの共感を大いに呼んだといわれる。映画に登場する新宿の街の姿は、自分たちが文革の10年の停滞期を過ごしていた間に、日本がいかに目覚ましく発展していたかを知らしめた。

この時期、胡耀邦が推し進めた自由化路線に影響された若者の間では、中国の古い価値観から脱して、いかに近代化をすすめるかといった議論が盛り上がった。1988年6月、CCTVは「河殤」(黄河文明の傷)というドキュメンタリー番組で、中国の文化批判をしつつ、市場経済や西側の価値観や理論の優位性を紹介した。こうした世論の動きが、若者の民主化希求の高まりにつながり、やがて天安門事件が起こり、武力鎮圧され、民主化の芽は完全につぶされるのだった。

天安門事件の後遺症は重く、以降、中国人は民主化や西側の価値観を公の場で肯定的に口にすることはあまりない。しかしながら、文革時代のように完全に情報をシャットダウンされた時代ではなく、むしろインターネットが発達し、海外旅行が自由化され、外国の文化的コンテンツに比較的自由に触れることができるようになった今、中国の外の世界の情報は、80年代とは比べようもなく圧倒的量が流れ込んでいる。

中国の優秀な人材は世界各地に留学し、なかには外国に出て外から中国をみることで、逆に中国への愛国心に目覚めたなどという人もいるのだが、おおむね、民主主義が与える言論・表現の自由、市場経済システムを肯定的にみている。

中国が赤い独裁帝国になるのを阻止するには、結局は普通の中国人たちが、より多くの中国人たちが、世界の現状を知り、独裁を否定し、自由や法治を強く望むようになることが重要なのである。強軍化と対外領土拡張路線でたとえ国家が強大になっても、そこに暮らす人民が幸せであるというわけではない、と知ることである。

ＧＤＰ世界二位、軍事力ランキング世界三位を誇る中国よりも、ＧＤＰ三位で軍事力ランキング七位の日本のほうが暮らしやすいという事実を、多くの中国人に実感してもらうことも一つの方法かもしれない。

日本は強いリーダーは存在せず、国会はいつも堂々巡りの議論を繰り返し、テレビメディアは不倫報道で盛り上がり、伝統ある大メディアが政権打倒を社是としても、政権転覆扇動などといわれることもない。政治家のレベルもメディアのレベルも低いが、なぜか世界屈指の食の安全ときれいな空気と水と、時間どおりに動く交通機関と、夜道を女性が一人で歩けるレベルの治安が約束されている。

突出したリーダーがいない代わりに、そこそこの普通の人たちが、力の論理よりも調和の論理で構築した結果、こんな社会が実現できている。

圧倒的な経済力と圧倒的な軍事力で世界のルールを作ってきた米国に対し、中国も力の論理で圧倒的な経済力と圧倒的な軍事力を求め続けてきたわけだが、実は中国のすぐとなりに、こうした力の論理とは全く別のやり方で、けっこう自由で豊かな暮らしを実現している国があることを、一つの国家の在り方として印象づけることは意味があると思う。

台湾や香港では、習近平路線の中国に併呑されることに抵抗感が増しており、それがひまわり学生運動や雨傘革命という若者の政治運動に発展し、少なくとも台湾は政権を交替させるまでの影響力を発揮した。こうした若者たちの共通点に、日本好き（日本アニメ・サブカルチャー好き）が多い、ということを私は取材過程で発見した。

彼らが日本に惹《ひ》かれる理由はさまざまだが、アジアで、圧倒的な軍事力を誇るわけでもない、突出した政治力があるわけでもない、経済成長率が低迷し続けている日本なのに、民主主義が機能し、法治が徹底され、それなりの社会保障、セーフティネットが存在し、安全で安心で衛生的な生活をおよその人が約束されている良い国であるというイメージは共通している。米国式の力の論理でもない、中国習近平路線が目指す方向でもない、両国とはおよそ正反対のやり方で、民主主義の繁栄を享受している国家が、すぐ近隣に存在しているということは、中国の脅威におびえる彼らにとっては一縷《いちる》の望みである、という話も聞いた。

中国の赤い凶暴な王朝の台頭を阻止するためには、日本政府としては、きちんとした国防論を展開して、予想される戦争の危機にも対応できるだけの法整備を行い、実力を備えることは当然喫緊《きっきん》の課題だが、同時に国民の暮らしの豊かさや安寧は、必ずしも強国の論理に従わなくても実現できるということを体現し続ける国であってほしい。日本は中国と真逆の方法で「暮らしやすい国」を実現できていることを、普通の中国人に発信し続けたい。

そのためには、言論をもって中国の政治を変えようとして迫害された人や、国を追われたいわゆる政治難民に対しては、日本人はもっと関心を寄せ、助ける姿勢を見せるべきだと思っている。中国の人権弾圧状況にははっきりと嫌悪と批判を表明し、日本の価値観を持ち出していくことが重要だと思う。そして、中国の政治を変えていきたい、この独裁路線を転向させて民主化、自由化路線を再び目指していきたいと考える中国人に対しては、日本人としても日本政府としても応援していく気持ちをもっていってほしい。

それには、今の「中国」の路線に対する批判や嫌悪と、私たちがじかに接する中国人への感情は、当然切り離すことが重要であるし、中国の普通の人たちを忌避《きひ》したり排除したりするのではなく、取り込むつもりできちんと付き合ってみる、ということも重要ではないだろうか。

著者略歴

奈良県に生まれる。大阪大学文学部卒業後、産経新聞社大阪本社に入社。一九九八年に上海・復旦大学に1年間、語学留学。二〇〇一年に香港支局長、二〇〇二年春より二〇〇八年秋まで中国総局特派員として北京に駐在。二〇〇九年一一月末に退社後、フリー記者として取材、執筆を開始する。テーマは「中国という国の内幕の解剖」。社会、文化、政治、経済など多角的な取材を通じて〝近くて遠い隣の大国〟との付き合い方を考える。日経ビジネスオンラインで中国新聞趣聞～チャイナ・ゴシップス、月刊「Hanada」で現代中国残酷物語を連載している。TBSラジオ「荒川強啓 デイ・キャッチ」水曜ニュースクリップ出演。

著書には『潜入ルポ　中国の女』（文藝春秋）、『中国「反日デモ」の深層』（扶桑社新書）、『本当は日本が大好きな中国人』（朝日新書）、『権力闘争がわかれば中国がわかる』（さくら舎）などがある。

習近平《しゅうきんぺい》王朝《おうちょう》の危険《きけん》な野望《やぼう》

——毛沢東《もうたくとう》・鄧小平《とうしょうへい》を凌駕《りょうが》しようとする独裁者《どくさいしゃ》

二〇一八年一月二二日　第一刷発行

著者　福島《ふくしま》香織《かおり》

発行者　古屋信吾

発行所　株式会社さくら舎　http://www.sakurasha.com

東京都千代田区富士見一-二-一一　〒一〇二-〇〇七一

電話　営業　〇三-五二一一-六五三三　FAX　〇三-五二一一-六四八一

編集　〇三-五二一一-六四八〇

振替　〇〇一九〇-八-四〇二〇六〇

写真　共同通信社

装丁　長久雅行

印刷・製本　中央精版印刷株式会社

ISBN978-4-86581-134-6

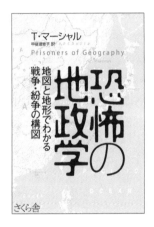